历史的丰碑丛书

科学家卷

原子理论之父
道尔顿

王 兵 编著

吉林人民出版社

图书在版编目(CIP)数据

原子理论之父:道尔顿/王兵编著. -- 长春:吉林人民出版社,2011.4（2021.8 重印）
（历史的丰碑丛书）
ISBN 978-7-206-07672-5

Ⅰ. ①原… Ⅱ. ①王… Ⅲ. ①道尔顿，J.（1766~1844）—生平事迹 Ⅳ. ① K835.616.13

中国版本图书馆 CIP 数据核字 (2011) 第 037130 号

原子理论之父 道尔顿
YUANZI LILUN ZHI FU DAOERDUN

编　　著：王　兵
责任编辑：王　静　　　　封面设计：孙浩瀚
制　　作：吉林人民出版社图文设计印务中心
吉林人民出版社出版 发行（长春市人民大街7548号 邮政编码：130022）
印　刷：北京一鑫印务有限责任公司
开　本：787mm×1092mm　1/16
印　张：8　　　字　数：72千字
标准书号：ISBN 978-7-206-07672-5
版　次：2011年4月第1版　印　次：2021年8月第2次印刷
定　价：35.00元

如发现印装质量问题，影响阅读，请与出版社联系调换。

编者的话

"欲知大道,必先为史"。

回溯人类的足迹,人们首先看到的总是那些在其各自背景和时点上标志着社会高度和进步里程的伟大人物。他们是历史的丰碑,是后世之鉴。

黑格尔说:"无疑,一个时代的杰出个人是特性,一般说来,就反映了这个时代的总的精神。"普希金说:"跟随伟大人物的思想是一门引人入胜的科学。"

以史为鉴,面向未来。作为21世纪的继往开来者,我们觉得,在知史基础上具有宽广的知识结构、开阔的胸襟和敏锐的洞察力应是首要的素质要求,而在历史的大背景

◆ 历史的丰碑丛书

中追寻丰碑人物的思想、风范和足迹，应是知史的捷径。

考虑到现代人时间的宝贵，我们期盼以尽量精短的篇幅容纳尽量丰富的信息，展现尽量宏大的历史画卷和历史规律。为此，我们编撰了这套丛书。

编撰丛书的过程，也是纵览历代风云、伴随伟人心路、吸收历史营养的过程。沉心于书页，我们随处感受着各历史时期伟大人物所体现的推动历史进步的人类征服力量。我们随着伟人命运及事业的坎坷与辉煌而悲喜，为他们思想的深邃精湛、行为的大气脱俗而会意感慨、拍案叫绝。

然而，在思想开始远游和精神获得享受的同时，我们也随之感受到历史脚步的沉重

编者的话

和历史过程的曲折。社会每前进一步都是艰难的，都伴随着巨大的痛苦和付出。历史的伟大在于它最终走向进步，最终在血污中诞生了鲜活的"婴孩"。

历史有继承性和局限性，不能凭空创造。伟人也有血肉，他们的思想、行为因此注定了同样具有历史的局限性和阶级的、时代的烙印；他们的功业建立于千千万万广大人民群众伟大创造的基础上。历史是人民群众创造的，伟大的人物们是历史和时代造就的。同时，我们也无法否定此间他们个人的努力。这也正是我们编撰这套丛书的目的。

我们期盼着这套丛书得到社会的认同，对读者，特别是青少年读者之历史感、成就感和使命感的培养有所裨益。史海浩瀚，群

◆ **历史的丰碑丛书**

星璀璨。我们以对广大青少年读者负责的精神，精心遴选，以助力青少年成长进步，集结出版了《历史的丰碑》系列丛书，敬请读者批评、指正。

历史的丰碑丛书

编委会

策　划：胡维革　吴铁光
　　　　林　巍　冯子龙
主　编：胡维革　邢万生
副主编：贾淑文　谷艳秋
编　委：（按姓氏笔画为序）
　　　　于二辉　刘士琳
　　　　刘文辉　孙建军
　　　　李艳萍　吴兰萍
　　　　杨九屹　隋　军

五光十色的物质世界，千奇百怪的运动变化，都有一个简洁无比而又迷幻无穷的单元——神奇的原子。聪慧机敏的古希腊贤哲早在2 500多年以前就天才地猜测到了它。尽管人们睿智的大脑也是由原子构成的，但是直到近代科学诞生之前，都无人能够深刻地洞悉原子的真实运动，揭开原子世界的奥秘及规律。

　　19世纪初，英国一位科学家约翰·道尔顿，第一次揭开了原子世界的神秘面纱，完整准确地把握了原子及其运动的本质，提出了系统的原子理论。道尔顿成为近代科学的伟大奠基者之一，被人们尊称为"原子论之父"。

目 录

苦难的童年 ◎ 001

自学者成大材 ◎ 011

持之以恒创奇迹 ◎ 021

君子固穷 ◎ 035

创造即永恒 ◎ 046

著作垒砌成丰碑 ◎ 059

崇高来自不懈的努力 ◎ 070

心灵宁静比什么都重要 ◎ 082

辩驳出真知 ◎ 094

曼彻斯特的光荣 ◎ 109

历史的丰碑丛书

苦难的童年

> 宝剑锋从磨砺出，梅花香自苦寒来。
> 《增广贤文》

每个人都有自己的童年。

幸福的童年都是相似的，苦难的童年却是各不相同。许多人的童年在蜜糖罐中泡大，成年后饱食终日，一生庸碌无为。有的人虽然童年坎坷艰辛，但竭蹶不屈，敢于向命运之神挑战，百折不回，创造出令人惊叹的成就，永远让后人景仰。

约翰·道尔顿，1766年9月6日出生于英格兰北部的伊格尔斯菲尔德。

伊格尔斯菲尔德是巴兰州的穷乡僻壤，到处是没有生气农庄，破败不堪的茅舍仿佛一场风雨过后就会消失得无影无踪。这里的人们以务农为主已经无法养家糊口了。山雨欲来风满楼，时代的暴风骤雨也冲击了这块土地。早在道尔顿家族迁居到伊格尔斯菲尔德的17世纪80年代末期,英国历史上有名的"名誉革命",使英国资产阶级与王权达成协议,从而结束了克伦威尔时代肇始的平民与贵族之间的流血冲突,解除了阻碍资本主义发展的封建制度,确立了"君主立宪"制度。

到了18世纪,英国的资产阶级实力大增,资本主义生产方式较其他国家有了飞跃发展,一方面由海外殖民地掠夺来的巨大商业资本,作为产业资本开始寻找向工业实业投资的对象。当时由于海外贸易对商品的需求量大为增长,城市成为经济增长的热点,被"圈地运动"剥夺了土地的农民大批流入城市,成为强大的劳动后备军。另一方面,传统社会发展缓慢的惰性仍然存在,直到17世纪末,英国还是一个农业国,

阿道夫·冯·门采尔所描绘的工业革命初期的工厂

原子理论之父　**道尔顿**

→ 在德国伍珀塔尔博物馆的珍妮纺纱机模型

总人口480万中农业人口约占90%，其余的商业和手工业人口各占5%左右。而到了18世纪后半期，人口有了显著增加，比例发生了显著的变化。在总人口850万中农业人口占42%，工商业人口占43%，手工业人口占15%。这一切必将导致产业革命和技术革命，因而促进了自然科学的繁荣与发展。

这是一个产业和科学狂飙突进的时代。

在产业技术革命领域，道尔顿出生的前一年，英国工匠哈格里沃斯发明了以自己妻子之名命名的珍妮纺纱机，使手摇纺机从一人纺一两个纱锭，提高为一人纺8个至18个纱锭，这是使英国从根本上改变状况、导致"产业革命"的第一个发明。同年，瓦特对当时

科学家卷　003

出现的原始蒸汽机进行一系列研究、改进和创新，发明了一种带有单独冷凝器的蒸汽机。它巧妙地把蒸汽的冷凝过程安排在汽缸以外进行，以保持汽缸的恒热，极大地提高了蒸汽机的热效率。这是瓦特对原始蒸汽机的关键性改革。这是"蒸汽时代的元年"。

在自然科学领域，道尔顿出生的前一年，数学家拉格朗日和欧拉创立了数学变分法，奠定了微积分的数理基础；化学家卡文迪许制备出了能够燃烧的气体——氢气；生物学家斯帕朗扎尼提出了"生命起源的自然发生说"，引起人们广泛的兴趣；同年，俄国伟大的科学家罗蒙诺索夫逝世。

在这样的时代背景下，一个新生命孕育诞生了。

← 瓦特所发明蒸汽机现安放于西班牙马德里

原子理论之父　道尔顿

←道尔顿像

　　道尔顿的祖父是一个颇有田产的殷实农民，在克伦威尔时代曾经为自由、博爱而呐喊。他热爱乡土的恬静却又向往城市火爆热烈的生活，在产业结构调整、农业潦倒的时代，他郁郁寡欢，经常为小事而大发雷霆。道尔顿的父亲年轻时就按照严父的指令到附近一家纺织作坊学手艺，学成后自己成立一个织布小作坊，生意清淡或农忙时，还耕种一些微薄的土地，以半工半农的方式维持一家人的贫苦生活。他性格懦弱，沉默寡语，忧愁仿佛要从他身上流淌下来一样，整天为家庭的生活无着落而担惊受怕。庄稼歉收，土布受排挤不值钱，该死的气候又朝夕骤变，再加上老道尔顿的暴戾，使他苦恼郁闷，对生活采取了无可无不可的态度。

　　道尔顿的母亲却是一个见过世面且颇有才干的妇女，她乐观豁达，在她的肩上过多地担负了道尔顿家族的重担。夫妇俩生了6个孩子，其中3个夭折。尽管全家收入微薄、经济拮据，但她依然达观开朗，生下小道尔顿，使她再一次看到了希望。她坚定地说，道

> **相关链接**
> XIANGGUAN LIANJIE
>
> 贵格会，又称公谊会或者教友派（Religious Society of Friends）。
>
> 贵格会成立于17世纪的英国。该派反对任何形式的战争和暴力，不尊敬任何人也不要求别人尊敬自己，不起誓。主张任何人之间要像兄弟一样，主张和平主义和宗教自由。该教会坚决反对奴隶制，在美国南北战争前后的废奴运动中起过重要作用。贵格会在历史上提出过一些很进步的思想，其中一部分现在得到广泛接受。

尔顿家族的人一定会有出头之日的。

道尔顿家族属于贵格会教派，这个教派在英国各种非国教派中，是最严守戒律的几个派别之一。当小道尔顿诞生不久施洗的时候，母亲亲自选择"约翰"为他命名。

作为道尔顿家最小的孩子，约翰·道尔顿深受父母的宠爱。父母亲和兄长、大姐的无私的爱，使小道尔顿沐浴在家庭温馨的阳光里，使他从小就聪明可爱。

童年，小道尔顿在贵格会教派举办的学校里接受

原子理论之父　**道尔顿**

道尔顿故乡：坎布里亚郡风光

了简单的读写教育。如饥似渴的求知欲，吃苦耐劳的家风，再加上严守戒律的教规，使小道尔顿很快在一群小孩子中出类拔萃了。老师的鼓励、同学的钦慕使小道尔顿忘却了饥肠辘辘的感觉，更加刻苦读书。遗憾的是，还不到10岁，由于家境窘迫实在拿不出那少得可怜的学费，再加上父亲病重家中缺少劳动力，好学上进的小道尔顿被迫中途辍学了。

从此以后，小道尔顿再也没有在正式的课堂中安静地学习过。

离开学校的小道尔顿异常痛苦，但是家里的境况又使他不能有非分之想。道尔顿总是尽一切能力帮助父母干活。每天清晨，是织布机规律的声响将他唤醒，父亲和母亲从清早工作到深夜，然而，钱仍然不够用。

道尔顿总觉得自己是一个吃闲饭的。生活多么不公正啊！为什么落到父母肩上的只有贫困和沉重的负担？养活6个孩子，难道是容易的事吗？他们竭尽一切可能照顾自己的孩子，天下哪个父母不爱自己的孩子呢？可是到了冬天，小妹妹还是死去了。继她之后，体弱多病的弟弟汤姆，多半是因吃不饱或者消化不良也死去了……

怎样才能使家庭生活的负担减轻一些呢？大姐出嫁了，哥哥跑到外面闯荡世界去了，贫困使孩子们很快就长大了似的。道尔顿每天在干农活休息时，望着一群一群上学的孩子们，常常流出热泪。

在道尔顿童年时代，英国社会是比较重视普及教育的，除非家庭情况极其特殊之外，一般小孩子都能

←道尔顿故乡：坎布里亚郡风光

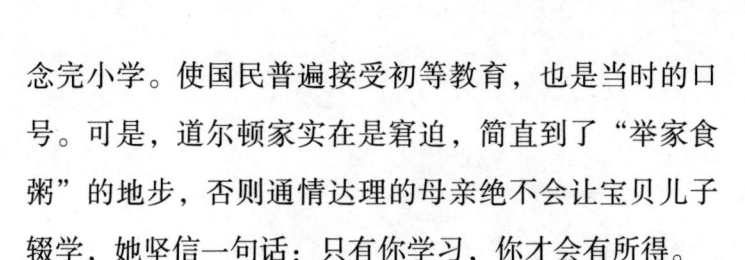

念完小学。使国民普遍接受初等教育，也是当时的口号。可是，道尔顿家实在是窘迫，简直到了"举家食粥"的地步，否则通情达理的母亲绝不会让宝贝儿子辍学，她坚信一句话：只有你学习，你才会有所得。

贫苦的童年虽然使道尔顿失去了接受教育的机会，但也使他从此更加执着地追求得以学习的任何可能。晚年，处于生活无虑状态的道尔顿还说，艰苦的童年会折断雏鹰的翅膀，也能锻炼出一块优质柔韧的好钢。

道尔顿的童年没有什么值得回忆的，只有贫苦、劳累。贫穷剥夺了他受教育的机会，他不像波义耳兄弟那样，在家庭教师的陪伴下，在英国最好的伊顿公学读书，连日常生活的举手之劳，也要由仆人来做；他也不像拉瓦锡那样读寄宿学校，虽然失去了母爱却有外祖母一家人的呵护。可是，没有受到过良好教育的道尔顿，仍然作出了不亚于波义耳、拉瓦锡的化学成就。

困顿的早期生活并不标志未来一定要无为，青少年时期没有受过良好教育，也不要自怨自艾，因为生活就是一名不收费的老师……

←道尔顿半身像

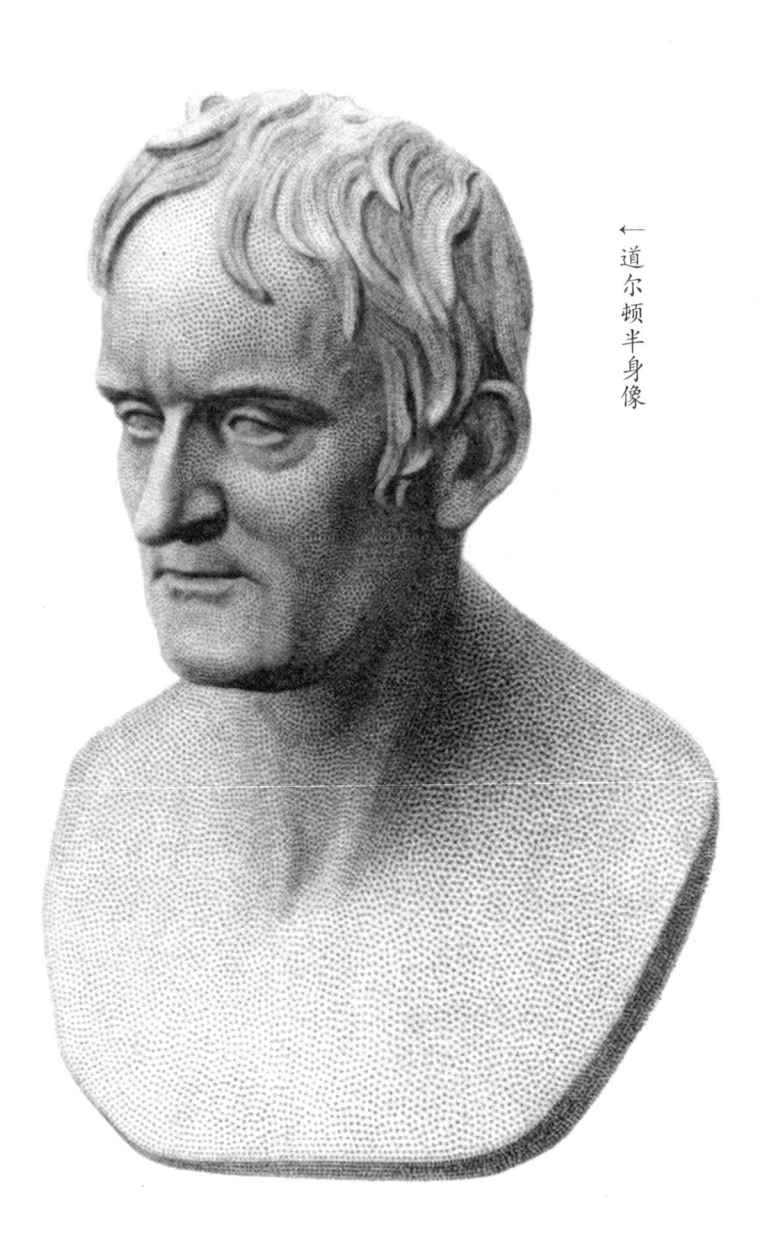

原子理论之父 **道尔顿**

自学者成大材

> 我是不为天才讲课的,他们自己会给自己闯出一条道路来的。
> ——康德

古今中外能够作出伟大成就的人,大体上可以分为两大类,一类是连续接受学校教育,在老师的谆谆教诲之下,茁壮成长,从此孜孜不倦向前,取得卓越的成就。另一类是虽然没有接受良好的教育,但刻苦自学,自己教育自己,依靠来自各个方面的启示,坚忍不拔地奋斗,获得巨大的成功。

不过,就人的一生追求事业成功来说,除了在学校接受的基本教育和方法之外,每个人的主要差别并不在于他们的素质如何,而在于他们自学的状况如何。

伟大的人物大都是善于自我激励的人。

约翰·道尔顿童年中途辍学以后的经历就充分地证明了这一点。

离开了书声琅琅的学校,道尔顿的眼眶里充满了心酸的泪水,他是那么喜欢学校,热爱读书,可是现在一切都成为了过去。作为一个稚气未脱的少年，道尔顿肩负起和他年龄不相称的沉重工作，勇敢地投入了艰难的生活之中。

道尔顿时代，英国乡村的青年人都向往城市生活，有机会就向城镇迁移。敢于冒险的甚至横跨波涛汹涌的大西洋，到美洲去寻找发展的机会，即使是不愿冒险的人也向伦敦、利物浦和曼彻斯特流动。像道尔顿家这样出身的苦孩子付不起车费，也要到附近集镇去打工赚钱。约翰·道尔顿辍学参加劳动之后不久，哥哥约纳逊·道尔顿就离家到附近的肯达尔镇求发展去了。

才华横溢的哥哥走后，聪颖好学的道尔顿更加孤

← 18世纪的英国工业区

原子理论之父　**道尔顿**

寂。当他把烦恼告诉母亲时,母亲告诉他书籍可以回答他的一切疑问,接受教育很少并不可怕。她给道尔顿讲述了生下来第九天就丧母、10岁开始过流浪生活的卢梭自学成材的故事,鼓励他在劳作之余多读一点书。道尔顿懂事地点了点头。

从此,道尔顿干活更猛了,早起晚归,找出空闲时间用于读书。先是家里仅存的几本书,读了再读,真有些古人"韦编三绝"的味道。家里的书读到破破烂烂,无法再读了,道尔顿就开始向村里人借书读。为了使人家高兴借给他书,他总是找机会帮忙为人家干些活计。这样,大家都十分喜欢勤劳好学上进的道尔顿,乐意把书借给他。

道尔顿住的村里有一位叫鲁宾逊的亲戚,体弱多病，因身体状况不佳从大学返乡休养。他是当时农村少见的自然科学爱好者，经常独自进行气象观测等科学研究。道尔顿总是抽空帮助鲁宾逊干活，鲁宾逊很爱惜少年道尔顿的才华，为了补偿，他自愿教给道尔顿数学、物理、气象等知识，扩大了自学的道尔顿的视野。

鲁宾逊看到道尔顿的进步十分高兴，把自己使用多年的气象温度计赠给了道尔顿，鼓励他从气象入手开始科学研究。鲁宾逊告诉道尔顿，英国是一个海洋性国家，海洋的气象复杂多变，不论是生活还是海外贸易都离不开气象科学的发展，气象学是最实用的科学。道尔顿接过温度计，从此一直珍藏着，从21岁开始直到临终前一天，整整坚持了57年共25万次以上的

← 用于科学实验的圆形温度计

原子理论之父　**道尔顿**

气象观测。

约翰·道尔顿12岁那一年，村上仅有的那所小学堂也因老师迁居城市而濒临关闭。村民看到道尔顿机智好学，尤其是拜鲁宾逊为师后，学业大有长进，便一致推举道尔顿执掌教鞭。有了鲁宾逊先生的鼓励和支持，特别是一想到那些像自己一样渴望读书的贫穷的孩子，道尔顿决定自己当老师给孩子们上课。

这所从老师到学生都是少年儿童的奇特学校，似乎办得并不顺利，勉勉强强坚持了两年多就停办了。道尔顿实在太小了，一个十二三岁的孩子当老师，而且坚持办学两年，实在是太难为道尔顿了。

15岁时，在肯达尔镇贵格派教会学校求发展的哥

哥来信，要道尔顿也离开乡间到外边闯一闯世界。于是，道尔顿打起包裹来到了熙攘的小镇，成为肯达尔镇教会学校的代课教师。这是一所比较正规的类似完全中学的寄宿学校，缺点是由于人人为求更大发展都忙于"下海"创业，所以教师队伍不稳定。今天还在上课的老师，很可能明天就搭上邮差马车走了，或是曼彻斯特、或是曼哈顿的港口才是他们的目的地。这所学校的负责人是道尔顿家族的远房亲戚的堂兄，道尔顿的哥哥约纳逊早已经成为这所学校的助理教师，实质上是主力教师了。几年后那位心灰意冷的堂兄隐退了，道尔顿兄弟成了肯达尔镇立学校的实际经营者。

　　道尔顿真正的自学生涯在这里开始了。工作需要道尔顿成为全能教师，他除了担任数学、物理学、天文学、簿记学、法语、测量法等课程的教学之外，还

← 肯达尔镇风光

要讲授国家法令临时增加的内容，而所有这些课程几乎他都没有学过。完全依靠按书本内容自学的结果，用现代的话说，就是"现买现卖"，可是居然效果还不错。学校寄宿生的增加，使道尔顿兄弟有了比较稳定的生活收入，这一教就教了12年。这是道尔顿自学的12年，也是道尔顿扎下坚实知识基础的12年。

在繁忙的教学工作之余，道尔顿发奋攻读，博览群书，无论是数学、自然科学，还是哲学、文学都广泛涉猎。从德谟克利特的原子论到伽桑狄的复兴的新原子论；从波义耳《怀疑派的化学家》到牛顿关于机械原子论的见解和化学、物理方面的理论观点，道尔顿都作了详细的历史考察。

读啊读，图书馆、阅览室成了他逗留时间最多的地方。微薄的教书薪水几乎也完全用来买书了。一切生存仿佛都是为了读书才具有现实意义。

然而，百密一疏，昼夜苦读的道

→ 德谟克利特像

相关链接

最早提出原子论的是古希腊哲学家德谟克利特（公元前476—前370），他认为物质是由许多微粒组成的，这些微粒叫原子，由原子论入手，他建立了认识论。

许多后人都接受了德谟克利特的观点，但是他们的假定只是凭想象并无实验根据。近代科学巨人牛顿也是一位原子论者，但他笔下的原子乃是一些大小不同而本质相同的微粒。道尔顿的原子论就不一样，他认为相同元素的原子形状和大小都一样，不同元素的原子则不同，每种元素的原子质量都是固定不变的，原子量是元素原子的基本特征。相比之下，可以发现道尔顿的原子论有了本质的发展。

尔顿只顾得读书，忘却注意保护眼睛，终于有一天道尔顿看东西模糊起来，渐渐的什么都看不见了。心急如焚的道尔顿只得看医生了，经过眼科专家诊断，为"疲劳性暂时失明症"。医生千叮咛万嘱咐要他注意保护眼睛，注意休息，否则有可能导致失明，后果是危险的。

原子理论之父 **道尔顿**

←『眼镜学者』

道尔顿相信了医生的话。当医生给他配置一副形状古怪的眼镜时，他意识到了问题的严重性。可是，一切都晚了，不论怎样努力，不戴眼镜他就看不清温度计的微细刻度，甚至看不清教室最后一排学生的眉眼。眼镜成了道尔顿时刻不能离开的物什。当时，人们尚不十分适应眼镜，一般上层人士为了看清楚，举着单柄眼镜，看过以后立即收入口袋。

道尔顿成天戴着眼镜进进出出，以至于人们称他为"眼镜老师""眼镜学者"。眼镜成了道尔顿的一个典型特征。在伟大的科学家当中，道尔顿成了最早享受眼镜功能的人。

在道尔顿一生中，眼睛问题几次困扰着他。每当他彻夜苦读时，视力下降就很明显，他内心就有一种莫名的恐怖，万一失明怎么办，万一无法读书人生还有什么意思呢？

盲人格夫的事让道尔顿十分感动。

道尔顿从朋友处听说，镇上有一位盲人智者，他喜爱自然科学，能够从事精确无比的实验，而且在诸多学科上有相当深的造诣。道尔顿一开始根本不相信，盲人能够动手做实验，简直是天方夜谭，他一笑了之。

后来，人们传颂得多了，由不得道尔顿不信了，他也完全懂得众口铄金的道理，便将信将疑地接受了这一传闻，心中对于经常出现的眼疾的烦恼也就减轻了许多。

原子理论之父　道尔顿

持之以恒创奇迹

> 一个伟大的天才靠另一个伟大的天才来教育自己，就如同一颗钻石磨光另一颗钻石。
> 　　　　　　——海涅

道尔顿离开故乡，脱离了贫困，虽然以远离了亲人作为代价，但是他毕竟走出了以往的桎梏。

肯达尔镇是一座公路旁的小乡村，随着道路的开通和发展，人口一点点集中在这里。尽管全镇上下有些乱糟糟的，但表现出一片生机勃勃的景象。要不是为了家里的微薄田产和小作坊，道尔顿说什么也要把父母双亲接到这里来生活。

道尔顿是一个随遇而安的人，他很快熟悉了镇里的一切，每个人也很喜欢他。每天的工作、教学任务让他感到生活充实。工作之余，他仍然沉浸在读书的快乐中，时而他还发现了一些问题：有时两本书说同一件事，说法却明显不一致，有时一本书把两件事混为一谈……

对于这些，道尔顿有些困惑，却又乐此不疲。在肯达尔镇的生活使道尔顿心满意足，他不像哥哥那样向往外部世界，好高骛远，并且为实现不了愿望而苦恼、借酒浇愁。道尔顿安贫乐道，一箪食、一瓢饮足矣！他沉溺于精神生活而不能自拔。在道尔顿的辞典中，烦恼就是对一个学术问题苦思而不得其解，愁苦来自学然后知不足。

经过几年的教学磨炼，道尔顿已经成长为风度儒雅的青年学子了。当时，英国社会有一个习惯，任何城镇的学术机构包括学校总要经常举办一些学术性质的报告会，城镇长官及社会名流、绅士淑女、民众都来参加。在京城，国王及皇后也偶尔光临学术报告会，

←肯达尔镇中道尔顿曾经的居所

原子理论之父　**道尔顿**

为学者的精彩讲学鼓掌助威。这些繁荣了英国文化。

一次,镇上举行学术报告会,道尔顿见到了盲人学者约翰·格夫,格夫的学术报告引起了道尔顿的极大注意。同时,道尔顿清晰流畅且深邃有序的回答也引起了格夫的好感。两个人之间的距离迅速拉近了。两人都感到茫茫人海中遇到了知音。

约翰·格夫,堪称是一个才能出众的天才。他除了为道尔顿科学能力和科学创造启蒙外,还创造了令人惊叹不已的业绩。作为一个盲人他克服了难以想象的困难,以自学的方式掌握了多门自然科学常识,能够熟练地运用多种语言。道尔顿十分钦佩格夫先生,平日里经常跑去帮助格夫,顺便讨论一些科学问题。

格夫在道尔顿的一生发展过程中,起到了举足轻重的作用,多次为道尔顿指明道路。格夫的行为正像浮士德失明后说过的一句话:眼昏暗,心里更光明。一个盲人为一个正常人指引道路,这不能不说是人类文明史上的奇迹。

通过格夫的观察和了解，道尔顿探讨科学问题，只能看英文资料，对于当时通行世界的拉丁文一窍不通。格夫发现了道尔顿的迷惘，告诉他进行科学研究必须掌握几门通用的外国语言，其中尤其以拉丁语、希腊语为首要。这和道尔顿的想法不谋而合。于是，道尔顿拜格夫为师，学习希腊文和拉丁文。格夫教得很认真，道尔顿学得刻苦，教学相长，道尔顿进步很快，不久，就初步具备了进行自然科学研究的基础。

格夫告诉道尔顿，学者的一生应该负有不同于普

← 描绘格夫与道尔顿的漫画

原子理论之父　**道尔顿**

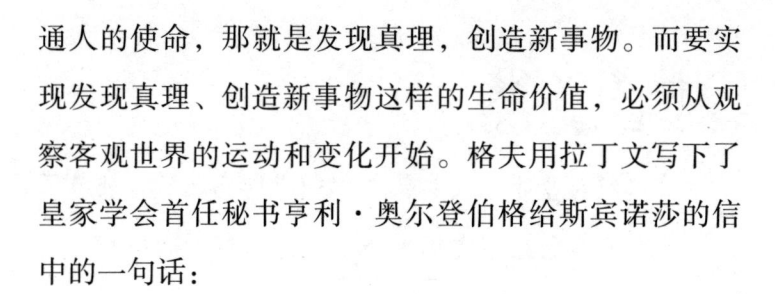

通人的使命，那就是发现真理，创造新事物。而要实现发现真理、创造新事物这样的生命价值，必须从观察客观世界的运动和变化开始。格夫用拉丁文写下了皇家学会首任秘书亨利·奥尔登伯格给斯宾诺莎的信中的一句话：

"杰出的先生，来吧，打消惊扰我们时代庸人的一切疑惧；为无知和愚昧而作出牺牲的时代已经够长了；让我们扬起真知之帆，比所有的人都更深入地去探索大自然的真谛。"

道尔顿一直把格夫老师送的字幅，当作座右铭，鞭策自己。他有意识地钻研一些自然科学问题，但却不知从何处下手。格夫辅导道尔顿学会了记气象观测日记。他先让道尔顿阅读一直列为大学标准教科书的亚里士多德的《气象学》一书，然后让他再读当代学者的笛卡

科学家卷　025

相关链接

马格德堡半球实验,是1654年时马德堡市长奥托·冯·葛利克于雷根斯堡(今德国雷根斯堡)进行的一项科学实验,目的是证明真空的存在。

1654年葛利克制造了两个直径51厘米的红色铜制半球,半球中间有一层浸满了油的皮革,用以让两个半球能完全密合。接着他用他自制的真空泵将球内的空气抽掉,此时两个沉重的铜制半球在没有任何接着剂的辅助下紧密地合而为一,让人十分惊讶。为了证明两半球的结合是多么紧密、扎实,葛利克安排了两队各15匹马,以相反的方向试图将该球体拉开,结果居然拉不开。这个实验让葛利克一夕成名。之后葛利克多次在各地重现此实验以飨广大好奇的观众,而此实验也因葛利克的职衔而被称为"马德堡半球实验"。

儿尔《气象学》。这样,道尔顿就了解了气象学的历史和当时的最新成果。

众所周知,物理学和力学在17世纪有了长足的进步,诞生了以牛顿为代表的一批物理和力学大师。这些导致气象学发生根本变革,培根《新工具》一书的

原子理论之父 **道尔顿**

出版又使人们十分推崇归纳方法,再加上气象仪器的发明,开辟了通往精密研究大气的道路。从16世纪开始,几乎每个大科学家都参与过气象与大气研究,伽利略为大气称量重量、托里拆利研究了大气与真空的关系、葛利克运用大气压强公开演示了著名的"马德堡半球"实验、波义耳发现了大气压强与体积关系的定律、牛顿描述了大气颗粒弹性体的碰撞、胡克则研制成功多种气象仪器等等。

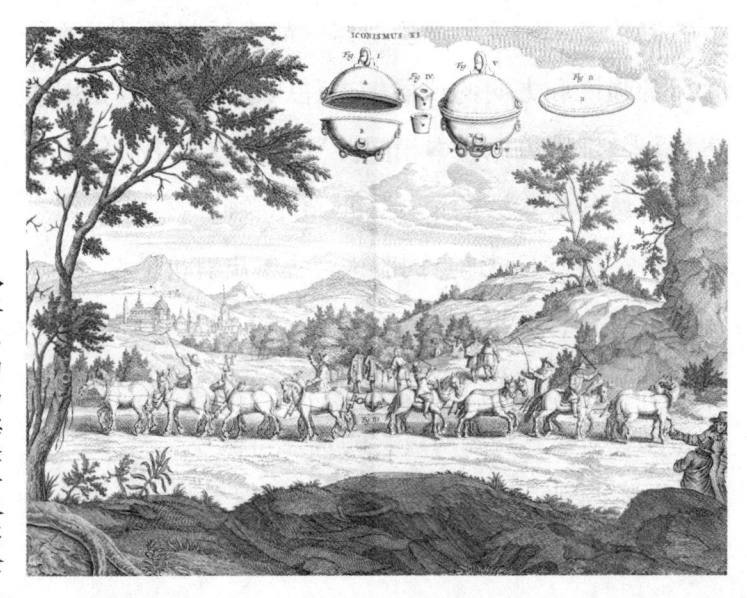

　　这些科学家对于大气与气象研究的热衷,也感染了道尔顿。道尔顿回忆起童年时代教友伊莱休·鲁宾逊告诫他的话。他翻出来鲁宾逊赠送给他的气温计,爱不释手地把玩着。他下决心献身科学,认真搞好大

→ 著名的马德堡半球实验

气运动的研究。

在道尔顿青年时代的1786年前后，欧洲气象学研究在仪器研制方面有了突破性的进展：最重要的气象仪器无疑是温度计和气压计，由于它们也属于物理科学仪器，所以很早就完善起来。这一时期气象仪器的飞跃进展主要体现在专为研究气候状况而发明的验湿器、风速计、雨量计和气候钟。

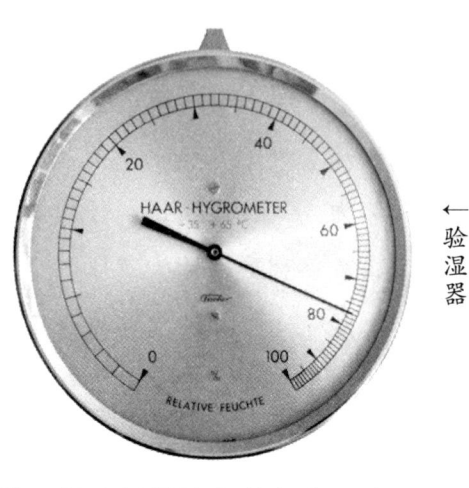

← 验湿器

最早的验湿器是西芒托学院制造的，胡克用野燕麦芒制造了一种灵敏的验湿器。胡克还制造了一种测量风的强度和方向的仪器。这种风速仪的原理和现代飞机场的锥形风标基本相同。尽管从17世纪流传下来大量连续气象观察的记录，但道尔顿同时代的人们意识到，在几个不同地点同时进行观察更有价值。

1787年3月24日，道尔顿记下了气象日记的第一页，这一天刚好发生了"极光"现象，日记上面记载了道尔顿对极光现象所进行的观察和思考：

"由于我在前进过程中常因轻信别人的结果而被引入歧途，从此，我决心尽量少写一些，除非我能够用

原子理论之父　**道尔顿**

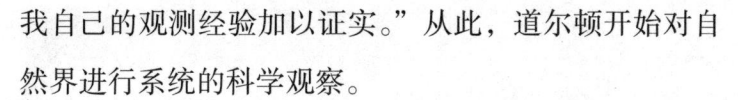

我自己的观测经验加以证实。"从此,道尔顿开始对自然界进行系统的科学观察。

有几次,道尔顿身体不适,想不去观测了。又是格夫委婉而严厉地批评了他。从此之后,每当道尔顿想偷懒时,就会想起格夫那严肃的表情,同时也回忆着格夫精湛灵巧的实验。

还是道尔顿与格夫初识不久的一天,在道尔顿的要求下,格夫同意邀请他参观自己的实验室。道尔顿早就听说,格夫是一位了不起的实验家,难以置信的

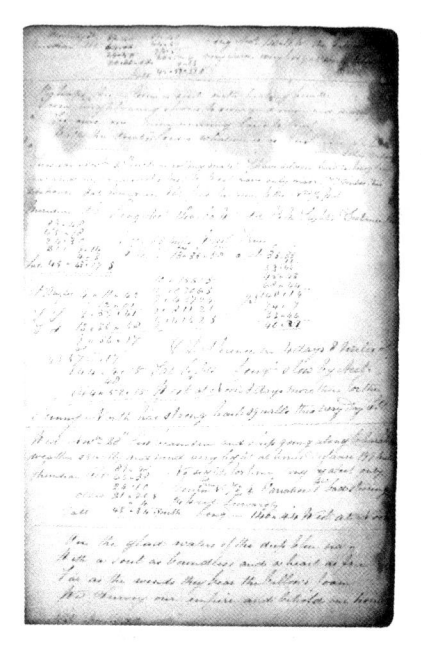

是，一个盲人竟然能够从容地进行实验。格夫告诉道尔顿，你亲眼看到的东西，和那些能够从理性上认识把握的东西相比，是微不足道的。直到晚上道尔顿才彻悟了这句话的含义。对于绝大多数人来说，他们有自己明亮的眼睛，但他们对诸多事物是熟视无睹的，他们只欣赏到了事物表面的纷彩，无法洞悉事物的本质；只有理性才能帮助人类熟悉更多的东西。理性是帮助人类看到事物本质的另一只眼睛。

← 道尔顿当年的笔记

在格夫的实验室，道尔顿看到实验桌上井井有条地摆放着各式各样的仪器。格夫安装仪器，把溶液装满容器而不溢出一滴，并且从不碰倒也不打碎哪怕是一支最薄的玻璃管……

道尔顿震撼了，他简直不相信格夫的眼睛是瞎的。每次格夫都是确有把握地把手朝一定的方向伸过去，拿到他所需要的东西，他的动作是那么准确，以至于

原子理论之父　**道尔顿**

可以与最完善的自动装置相媲美。道尔顿流着眼泪问格夫，何以能如此？格夫说，一切全靠熟练的手法和耐性。道尔顿深深钦佩地看着这一切。这才是显示出意志的真正威力！

盲人学者格夫虽然看不到尘世的浮云喧嚣，但他洞穿了事物的本质，他的精神世界是永远明亮的。

每当道尔顿灰心丧气时，格夫总是激励他；每当道尔顿遇到难题时，格夫便尽力协助他克服；每当道尔顿为取得成功而沾沾自喜时，格夫则提醒他人生之路永远没有尽头；每当道尔顿研究有进展时，格夫则千方百计地奖励他。道尔顿就像一块璞玉，被格夫琢磨成一块价值连城的"和氏璧"。

道尔顿深受格夫的影响，格夫也把道尔顿当作了自己研究生命的延续形式。道尔顿终生保持了对气象学研究的兴趣，除了连

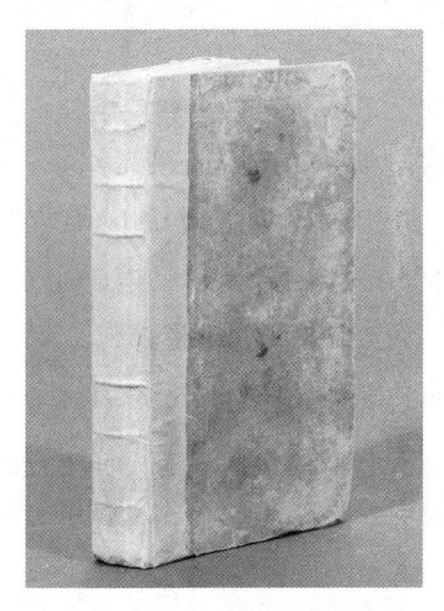

道尔顿著1803年版《关于气体的水和其他液体吸收》

续坚持57年气象记录之外，还先后发表《论极光》《论气压计》《论温度计》《论降雨》和《论空气蒸发》等多篇论文。

1793年，道尔顿27岁，出版了《气象观察与研究》一书。他在书的扉页上恭恭敬敬地写道：

"献给我的科学导师——约翰·格夫先生"。

←描绘道尔顿的漫画

生活确实像德国浪漫诗人亨利·海涅说的那样：一颗钻石磨光另外一颗钻石，使它们璀璨，使它们永远具有永恒的价值。

道尔顿长大了，盲人格夫又要给他指明前进的方向了。格夫虽然眼盲，但他对待事物却看得极远，以眼光远大来形容格夫虽然有些词不达意，但实际确是如此。

格夫感到肯达尔镇的天地太小了，他太了解道尔顿了，他知道如果没有人迫使道尔顿搬家，他就会住在这儿一辈子。但是，道尔顿是一个不可多得的人才，他很可能会做出些伟大的事业，呆在肯达尔就会使他

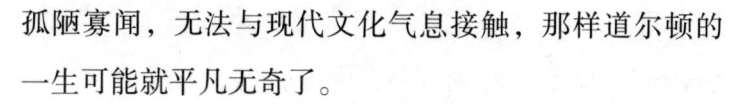

孤陋寡闻，无法与现代文化气息接触，那样道尔顿的一生可能就平凡无奇了。

格夫完全知道道尔顿喜欢平凡无奇的生活，从来不对生活有什么奢望，他要说服道尔顿，要迫使道尔顿移居。

让道尔顿到哪里去发展呢？格夫沉思起来，当然最好的地方是去伦敦、牛津、剑桥，那里人才荟萃，文化繁荣，道尔顿一定会腾达起来的。格夫开始努力让道尔顿去大都市，只有那里才是道尔顿该生活的地方。

为了道尔顿的发展，格夫在那些自己认为理想的城市中做了许多努力，结果都因为举目无亲、无人接洽，一段时间内又很难找到工作而作罢。

所有这些，道尔顿一点都不知道。格夫心急如焚，道尔顿几次也感到惊诧，格夫老师是很达观的，怎么会这样……

终于，有一天格夫远在曼彻斯特的朋友的一封来信，带来了好消息。

朋友请他推荐一位年轻人到曼城任教。

理所当然，格夫推荐了道尔顿，有谁能比道尔顿更适合那一份工作呢？

格夫把推荐信拿给道尔顿看，道尔顿一点儿也不稀罕那儿的工作，他要在格夫老师身边待上一辈子，服侍他的晚年。再说一个盲人怎么也不方便，师生两人相依为命总比一个人强。格夫流泪了。道尔顿是一个真诚的人，他哽咽着说不出话来。

无论格夫怎样动员，道尔顿就是不答应。道尔顿不需要什么曼彻斯特，不需要什么教学工作，他只想照顾格夫。格夫发火了。

最后，为了说服道尔顿，格夫以共同迁往曼彻斯特、抛弃祖居地上的田产和房屋相挟，道尔顿才不情愿地答应了。

在西班牙的某条街路上，可爱的人们为了纪念道尔顿，在一个井盖上印刻下了他的原子理论。

君子固穷

> 子曰：君子亦有穷乎？君子固穷。小人穷斯滥矣！
> ——《论语》

春秋时期，大思想家孔子带领弟子们周游列国，希望向明君贤王宣传自己一贯倡导的"仁爱"学说。当时，孔子和弟子们刚刚离开陈国，而被厄困于赴蔡国的路上，全部人马疲惫不堪，好几天没有粮米，大家摇摇晃晃走不动了。学生们问孔子：难道君子也要遭受贫穷苦难的袭扰吗？孔子回答说，是的，但是小人穷困的时候就紊乱了，不能自己约束自己，而君子就不会紊乱。

是呀，面对贫困潦倒，平凡人就会心慌意乱，失了方寸，而优秀的人仍然会不为其所扰，保持内心世界的宁静，不放弃自己的信念和追求。

仿佛道尔顿很早就读过英译本《论语》似的，他一直是这样生活过来的，堪称为人师表。

道尔顿一生始终没有远离过穷字，他一生独身，基本上过着隐居生活。穷困潦倒并未压倒道尔顿，他心如宁静之水，从未为贫困激起过涟漪。古人云：心安茅屋稳，性定菜根香。作为贵格派的教徒，他一生素朴而毫无索取之心，却为人类科学文化的进步贡献了巨大力量。他后来面对众人的赞赏，认为做好每件事情是人的本分，奉献是人的美德。

　　从童年时代起，道尔顿就学会了应付贫穷的办法。他通过读书拥有了整个世界，那里有五谷丰登的物质世界，有缤纷多彩的精神享受。只要一把书拿起来，道尔顿就把一切贫困潦倒，忘却得一干二净。每日里他干着沉重得和他年龄不相称的活儿，他毫无怨言地

原子理论之父　**道尔顿**

默默承受着，期盼着劳动之余读书阅览的乐趣。

道尔顿觉得，人生如果没有阅读的乐趣就简直是不完整的。童年的阅读伴着道尔顿长大。

少年时代，道尔顿在故乡鹰场小学校，孩子们围着十四五岁的道尔顿老师，像一群聒噪的小麻雀，不停地问这求那。道尔顿只好搜肠刮肚，有时甚至是捕风捉影地讲述给他们听，满足他们那些强烈的求知欲。这一课下来，还要去上那一堂课。当一天拖着疲惫不堪的身躯回到屋里时，灶子里冷冰冰的，还得自己烧火做饭——好动、向往外面世界的哥哥可能又出去探险了。

劳累倒没有什么，道尔顿手脚勤快从小就养成了良好的劳作习惯。少年时代，一个人支撑着小学校，哥哥又常常不在，这种孤寂是十分难耐的。还是图书帮助他走出孤寂，度过那段令人回味的时光。

后来，邻居鲁宾逊和道尔顿成了忘年交，两人一问一答，讨论问题，切磋人生，道尔顿真是受益匪浅，他觉得是鲁宾逊先生领他走向人生。

在肯达尔镇，好学不倦的道尔顿很快就博得了自己同事和肯达尔镇民的尊重。人们尊重敬慕他的学风和严谨的生活方式。在格夫老师的严厉指导下，道尔顿逐渐培养起独立地深入研究新的科学题目并做出解答的能力。

在肯达尔镇，他首次撰写了自然科学方面的学术论文。1793年，格夫介绍道尔顿离开肯达尔，到曼彻斯特学院担任数学与物理教师职务。道尔顿不愿意离开肯达尔镇，不忍心离开格夫老师，最

← 青年时期的道尔顿

原子理论之父　**道尔顿**

后师生互相妥协，道尔顿一半时间在肯达尔担任教职，一半时间到曼彻斯特任教。

道尔顿在曼彻斯特名声很快就大了起来。

曼彻斯特学院当时汇聚了一大批知名人才，其中也不乏伟大的科学家，如发现氧元素的普列斯特列等。曼彻斯特活泼、自由的环境使道尔顿呼吸到了学术创造的清新空气。在曼彻斯特，学术界的人们尊敬那些具有创造性的学者，鄙视那些腹中空空不学无术的人。

道尔顿定居曼彻斯特之后，他随身带来的《气象观察与研究》一书的手稿，引起出版家彭斯维尔的很大兴趣。在这份手稿中，是以道尔顿连续6年坚持不懈的气象观测资料为基础核心的，他描述了气压计、湿度计、温度计和其他仪器及装置。除此之外，他还

→曼彻斯特学院

科学家卷　039

←曼彻斯特学院

别具匠心地分析了云的形成过程、蒸发过程和大气降水的分布过程。手稿很快就出版了，这部气象专题学术著作受到了欢迎。直到后来很长一段时间，人们一直把道尔顿当作气象学家。

在曼彻斯特学院，道尔顿的年俸为80英镑，这些钱对于日常生活来说，肯定是绰绰有余的，但对于一个需要大量买书、大量购买实验设备和实验器材的单身汉来说，就显得捉襟见肘十分寒伧了。

为了保证必要的生活收入，为了摆脱贫困，道尔顿除了完成学院教学任务之外，还担任起家教工作，兼搞私人补习，主要是教授数学。贫穷并没有吓倒道尔顿，他也不以生活的苦乐为念。他完全陶醉于科学研究与创造的乐趣之中。只有善于营造精神乐园的人，

原子理论之父　**道尔顿**

才是真正在世间活过的人。

定居到曼彻斯特一年多以后,道尔顿就当选为曼彻斯特文学哲学学会的会员。根据史料记载,根据英国空想社会主义者、科学社会主义的先驱者之一罗伯特·欧文(Robert Owon,1771—1858)的倡议,1794年道尔顿成为曼彻斯特文学哲学学会会员;1808年当选为副会长,而从1817年起直到逝世为止,道尔顿一直是该会会长。道尔顿在学会一共作了119次学术报告,所有这些报告均已发表。

曼彻斯特确实成了道尔顿开展科学活动的广阔天

地，这里有藏书丰富的图书馆、各种学会和出版社。许多著名的科学家终身都在曼彻斯特工作。道尔顿和这些学者讨论他感兴趣的问题，采纳他们的建议，倾听他们的批评。

慢慢地，道尔顿感到了时间的紧迫。记得著名生物学家赫胥黎说过："时间不偏私，给任何人都是24小时；时间也最偏私，给任何人都不是24小时。"道尔顿首先想到挤时间，可是一天的时间已经排得满满的，只能压缩其他的事项。不久他就清楚地看到，在

原子理论之父　**道尔顿**

学院里担任的教学工作妨碍了他从事的那种对他说来是最崇高的事业——科学研究。而且对于道尔顿而言，科学研究是他全部生命的意义。

时间在飞逝，而他却手里拿着粉笔和板擦把宝贵的时间都消耗在黑板旁边，教学内容是重复枯燥的，而且很多内容是经不起推敲的。但是教学工作是他在曼彻斯特挣钱糊口的方法，非做不可。每年80英镑的俸金是可观的，离开它简直难以在曼城立足。放弃教学，就意味着放弃必要的生活来源；承担教学，就意味空耗大量的时间。选择真难呀！

就在道尔顿为是否舍弃80英镑年俸而踌躇时，他关于色盲症的研究也正进入关键时期。道尔顿趁休假

返回肯达尔镇，请教格夫老师。格夫坚决反对辞职，他说一个科学研究者没有稳定的收入，就意味着宣判研究生命的死刑。但格夫不反对寻找其他办法。

道尔顿受格夫老师"寻找其他办法"的启发，终于作出决定辞去教职，以家庭教师为业，然后大部分时间用于科学研究的决定。当时，曼彻斯特的有些富裕人家都乐于聘请家庭教师，道尔顿的名字在曼彻斯特是受人景仰的，同时他的科学家身份又受到普遍尊重。

1799年，道尔顿终于告别了年俸优厚的教职，宁

← 昔日的曼彻斯特学院

原子理论之父　道尔顿

可贫穷也要换来宝贵的时间，因为人的生命太短暂了，容不得一点儿浪费。本来，道尔顿是曼彻斯特十分受欢迎的家庭教师，他如果开足马力干家教工作，这份薪水不一定低于曼彻斯特学院的年俸。可是他舍不得时间，每天只担任两个小时的家教任务。开始他到富有的家庭里讲学，后来学生到他的住处来学习。

　　人们经常说，在市场经济条件下，有钱的人没有时间，他们必须忙碌于挣钱；有时间的人又没有钱，他们有自由支配的时间却实现不了价值。

　　道尔顿甘于吃苦，放弃应得的收入，为自己获取了宝贵的时间，等待他解决的科学问题多的是呢。

创造即永恒

> 我们这些总是要死的人,就在我们共同创造的不朽事物中得到了永生。
> ——爱因斯坦
>
> 不要以为死去的人死了,
> 只要活人还活着,
> 死去的人就依然活着。
> ——凡·高

作为人类文化历史上的伟大人物,绝大多数人只知道道尔顿与原子论连在一起,其实任何伟人为人们所知道的事迹只是他一生业迹冰山上的一个小尖尖角。况且唯有博大深刻才能在历史上留下一点点印记。

在肯达尔镇,道尔顿率先向气象学难题冲击。在17世纪,人们终于弄清了大气压强是许多物理现象的成因之后,科学的兴奋点很快就转移到了大气压强上。大气流动及其状况首先引起托里拆利的研究。随后,在马里奥特大张旗鼓的鼓动下,法国在巴黎、第戎、洛什等地进行了比较系统的气压观察。后来,哈雷又将山的高度与气压差联系起来。其后10年,人们用气

原子理论之父 **道尔顿**

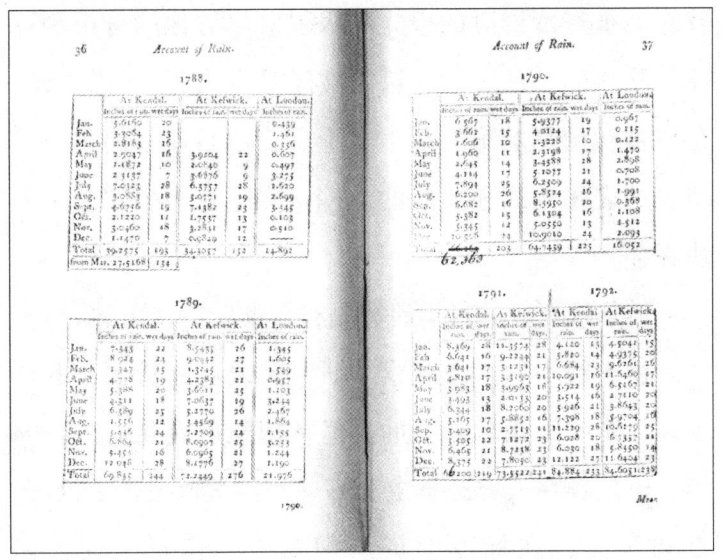

→《气象观察与研究》中记录的各年气象数据

压计测定了阿尔卑斯山的高度。

气压强度不同是形成风的原因，这条结论现在看来是再明白不过的了。道尔顿掌握了17世纪气体压强的基本知识和研究状况，开始向风的成因冲击。道尔顿在他的《气象观察与研究》中分析了云的形成过程，着重分析了热风、冷风产生的原因，得出了科学的结论。

这部著作引起了气象学界的重视，人们认为道尔顿解决了气象学的难题。直到41年以后，这部著作又出版了第二版，气象学家们此时已经将它视为经典作品了。而这只是27岁青年道尔顿的处女作。

在此之前，21岁的道尔顿就开始了气象观察，他

科学家卷 047

首先就被奇妙缥缈的极光所吸引。尽管他的分析和论述是肤浅的，他的第一篇论文还是发表了。《论极光》是道尔顿撰写的第一篇学术论文，慧眼识宝的编辑从幼稚的表述方式和胆怯的商榷口吻中看出了作者是一块真金。

道尔顿真正的科学研究是在曼彻斯特作出的。

在出版了《气象观察与研究》之后，道尔顿开始关注一个奇特现象：有的人经常把颜色弄混。在1794年，道尔顿在人类医学史上第一次科学地报告了色盲。直到今天，在标准的英语词典中，色盲一词还是daltonism，尤其特指红绿色盲。人们把分辨不清红色与绿色的症状，叫"道尔顿症"，这个词也泛指一般色盲。

道尔顿发现色盲症是十分偶然的。

早在孩提时代，他就曾发现哥哥约纳逊对各种颜色分辨不清。有时，约纳逊把他们转着玩的红色陀螺看成是绿的。有一次，约纳逊看见一位

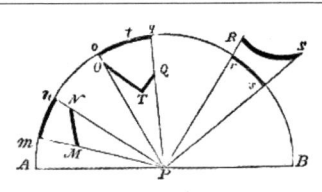

← 《气象观察与研究》内页

原子理论之父　**道尔顿**

穿着绿色连衣裙的女孩，非说那裙子是红色的，为此兄弟两人险些吵了起来。后来，在肯达尔镇和曼彻斯特城，道尔顿终于意识到自己也有这种视力上的缺陷。

一次，道尔顿按照教学要求用红、蓝、黄3种颜料，绘制一幅曼彻斯特地区的气象图，这张图花费了他整整两个晚上的工夫才画好。第二天，他在上气象课时指着红色区域告诉学生，这些区域雨量充沛，所以用红色标识，十分醒目。不一会儿，他发现学生们

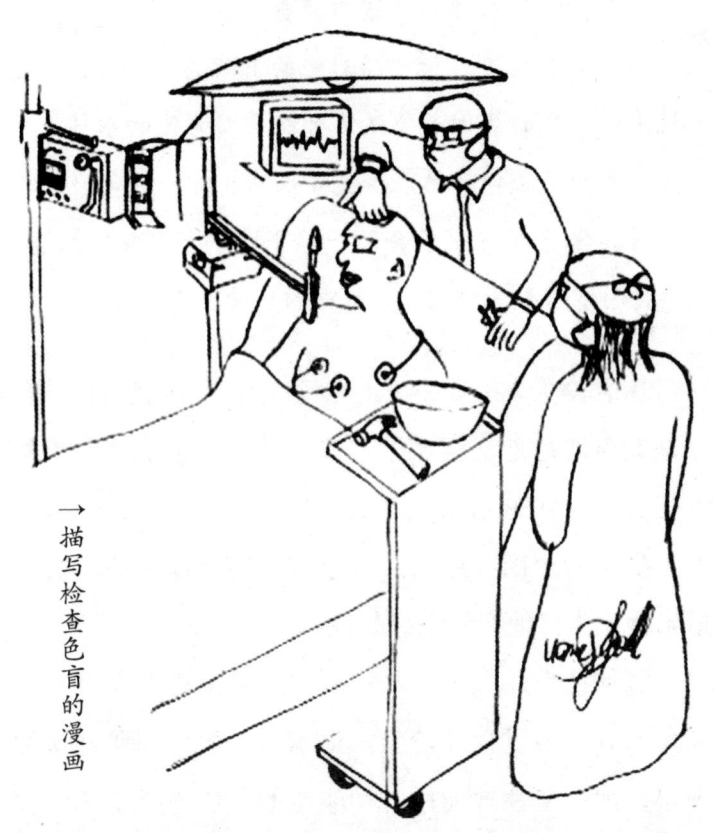

→ 描写检查色盲的漫画

科学家卷　049

相关链接

1794年10月31日道尔顿发布了《关于颜色视觉的特殊例子》一文。在这篇文章中,他给出了对色盲这一视觉缺陷的最早描述,总结了从他自身和其他人身上观察到的色盲症的特征,如他自己除了蓝绿方面的颜色,只能再看到黄色。所以色盲又被很多人称为"道尔顿症"。

道尔顿希望在他死后对他的眼睛进行检验,以找出他色盲的原因。他认为可能是因为他的水样液是蓝色的。去世后的尸检发现眼睛正常,但是1990年对其保存在皇家学会的一只眼睛进行DNA检测后,科学家发现他缺少对绿色敏感的色素。

窃窃私语、交头接耳……道尔顿以为同学们没有弄懂,于是大声清楚地又强调了一遍。结果,全班同学哄然大笑起来。在道尔顿允许的情况下,一个学生道出了大家哄笑的原因。原来,大家笑一向严谨不苟言笑的道尔顿先生,他竟然把绿色说成红色。

道尔顿为此做了一些实验,结果发现自己果真是红绿不分,不过程度较轻。道尔顿开始详细研究这种现象,他创造性地使用各种颜色的方块进行了几十次

原子理论之父　道尔顿

实验，把方块按各种不同顺序排列起来，分别记下它们的颜色。然后在学生中间进行实验。这种实验又扩大到曼彻斯特各个学校。道尔顿查明，在学生们中间，有的根本不能分辨颜色，往往错认各种颜色；有的把绿色看成红色，或者把红色看成绿色；还有的分不清蓝色和黄色。

　　道尔顿比较全面系统地研究了这种视力上的特殊缺陷。直到今天人们仍然使用道尔顿发明的"色卡检查法"，来甄别人们是不是色盲。亲爱的读者，你不妨到眼科检查一下，您是否有色盲，即使没有，您也可以和道尔顿沟通一下。

　　道尔顿的同胞前辈、著名化学家波义耳，早在1662年就发现，空气的体积与压强成反比，揭开了研究气体性质及属性的序幕。波义耳没有进一步研究混合气体的体积与压强的关系。这对于道尔顿而言，是深入研究的极好契

→ 波义耳像

科学家卷　051

相关链接

罗伯特·波义耳（Robert Boyle，1627年1月25日–1691年12月30日），爱尔兰自然哲学家，在化学和物理学研究上都有杰出贡献。

在1662年，波义耳根据实验结果提出："在密闭容器中的定量气体，在恒温下，气体的压强和体积成反比关系。"人们称之为玻义耳定律。这是人类历史上第一个被发现的"定律"。

机。科学发展到了道尔顿时代，空气是一种气体混合物，已经成为常识性问题。但是，混合气体中各组分气体的压强与它们单独存在时，有什么联系或规律呢？人们不得而知。

道尔顿把研究的矛头对准了气体分压的关系。为了研究气体分压的规律，道尔顿还发明了一种简便易行的方法。通过将各种气体混合，混合气体分离成不同气体，通过测量、计算，通过分析、对比、归纳，通过证实、辩驳、验证……道尔顿发现了"混合气体的分压定律"。

科学发现有时会产生"雪崩"现象，一个发现出现了，另一个发现就接踵而来，一系列发现又不期而至。道尔顿又发现了"气体的热膨胀定律"，紧接着，关于气体扩散问题、气体在水中的溶解问题、气体压缩性质问题……都有了深刻的认识。

到了19世纪初，道尔顿已经是曼彻斯特乃至全英国著名的科学家了。

现在，大学教科书中物理学、化学、气象学，都要花较大篇幅来讲授"混合气体的分压定律"，又叫作"道尔顿分压定律"。与道尔顿发现这些定律几乎同时，法国著名物理学家盖·吕萨克也独立地发现这些规律。科学迅猛发展，促使道尔顿更加勤奋向前。

道尔顿从观测气象开始，进而研究空气的组成、混合气体的分压和扩散，总结归纳出气体分压定律，推论出空气是由不同重量、不同种类的微粒混合构成，事实上道尔顿的研究工作客观地确认了原子的客观存在，他再向前跨进一步就闯进原子世界了。

道尔顿却没有这样做。这一步的跨出迟了将近8年。漫长的8年，也正是这8年使道尔顿对于原子世界的研究更加深刻、精当、系统。在这期间，化学领域中的一场论战正吵得不可开交。

从一开始，道尔顿对化学就不是很熟悉。在曼彻斯特学院讲课3年，道尔顿还不知化学为何物。他的

科学家卷

原子理论之父　道尔顿

与道尔顿同时代的化学家汉弗莱·戴维

主要精力都用到气体物理学上，对化学无暇顾及。他不愿意接触化学，是因为它有些神秘之感，加上近代科学家对炼金术的抨击，所以他躲避着化学。

可是，化学偏偏钟爱道尔顿，不惜低眉顺目地找上门来。有一次，曼彻斯特学院化学课教师突然重病，一时无人代课，教学管理人员看好聪颖的道尔顿，一定让他代课，道尔顿推辞不掉，无奈只好硬着头皮上了化学讲台。他今天背诵一章，明天讲述一章，居然把一学期的课程给顶下来了。

尽管讲了近一个学期的化学，道尔顿还是不喜欢化学。

化学又一次派遣使者前来说服道尔顿。

道尔顿30岁左右时听了化学家格奈特一次引人入胜的讲演后，才真正对化学发生了兴趣。可见，作为化学家的道尔顿是一个"晚学后进"。要知道，与道尔

科学家卷　055

顿同时代的英国著名化学家汉弗莱·戴维，20多岁就已担任皇家研究院的化学教授了。可道尔顿还在从化学基础知识补课呢。

然而，起步的早晚，并不一定必然地预示着到达目的地的迟或早。起步晚于戴维的道尔顿，在化学发展史上却走在了戴维的前边，创立了原子理论。

道尔顿领先的原因之一是一场化学论战吸引了他的视线。

在19世纪初，德国化学家李希特关于化学变化反应当量的理论引起人们的高度重视。他把能够收集的各种化学反应结果总结成一张表，得出一个结论：各种元素在一种化合物中的比例不变，两个元素形成的任何化合物都有一个重量比。事实上，李希特已经提出了定比定律。令人遗憾的是，李希特的表述方式极其繁复，他过于偏重数学，而当时化学的数理基础又极差，所以不太受化学家们的欢迎，没有引

← 普鲁斯特像

起广泛的赞誉，但却引起了一场争论。

在此后的1799年，法国化学家普鲁斯特用实验证明了定比定律，此后9年里他提纯和分析各种化合物来验证定比定律。普鲁斯特的定比定律简明扼要，通俗易懂，一发表立即引起化学界的强烈反响。

法国另一位著名化学家贝托雷极力反对普鲁斯特的结论，他又以实验举出了明确的反证。贝托雷当时是大名鼎鼎化学家拉瓦锡的得意伙伴，拉瓦锡逝世以后，他是18世纪化学的绝对学术权威，连拿破仑都高看他一眼。贝托雷的反对，就意味着宣判普鲁斯特研究的失败。但是名不见经传的普鲁斯特不甘罢休，他一次又一次地以化学实验为例证，极成功地反驳了化学权威贝托雷；贝托雷又一次次顽强地驳斥了普鲁斯特的例证。众人开始为贝托雷喝彩，后来又为普鲁斯特喝彩，终于全体人员为两个人的争论喝起彩来。

按照常理，一个人正确，争论的对方必然是错误的，反之亦然。但是，经过8年的马拉松式的争论，谁对谁错的结论仍然无法作出，隧道尽头的光亮仿佛根本就不存在。

就在两个人争论得难解难分的8年中，道尔顿冷静地分析了双方的实验，发现了两个人的争论就在于他们站在不同的化学反应角度看待化合物的缘故，特

1808年版《化学哲学新体系》

别是他们不懂得原子论的缘故。

常言说，当局者迷，旁观者清。对大气运动十分熟悉，又深入钻研了伽桑狄新原子论的道尔顿，结合贝—普争论的实验结果，终于创造性地提出了解释化学微观反应机理的原子理论，登上了19世纪化学理论的王位。

公元1808年，道尔顿发表了《化学哲学新体系》（第一卷）第一部分，第一卷第二部分出版于1810年，第二卷出版于1827年。经过长达20年的研究完善，道尔顿创立了现代原子理论，全面科学地解决了贝托雷与普鲁斯特的争论。

从1808年开始，原子理论像道尔顿的商标一样，两者不可分离，道尔顿的原子理论问世了。

原子理论之父 **道尔顿**

著作垒砌成丰碑

居高声自远,非是藉秋风。
——虞世南

　　仰慕高洁,向往成功,中外概莫能外。那些终身奋斗而能立身高洁的仁人志士,自能名声远播,传闻天下。

　　道尔顿一生拼搏,功勋卓越。他洞悉原子世界的奥秘,创立原子理论,堪称万世师表。追述科学发展史,不能没有道尔顿的英名,研究人类发展史,不能回避原子理论的巨大作用。居高声自远的道尔顿,是站在他用心血撰著的宏伟著作《化学哲学新体系》(A New System of Chemical Philosophy)上的。

　　《化学哲学新体系》上下两卷,从第一卷第一部分出版,到第二卷出版完成,先后花了20年的时间,如果从道尔顿介入关心贝—普争论算起,共花了整整30年的时间。所有的化学史家都异口同声说,该书是化学史上的一部经典著作。顺便说一下,迄今化学史家公认的化学发展历史上的经典著作有4部：1.波义耳的《怀疑派的化学家》（1661年出版）；2.拉瓦锡的《化学基础论》（1789年出版）；3.道尔顿的《化学哲学新体系》（1808年出版）；4.鲍林的《化学键的本质》（1935年出版）。

道尔顿的著作是承上启下的桥梁。他继承波义耳、拉瓦锡开创的化学研究的宏观理论，指引了鲍林、海特勒、伦敦等人进入到原子微观世界的定量阶段。在化学的世界中，不论你从哪里来，到那里去，你都必须经过道尔顿这个枢纽。

《化学哲学新体系》一书阐述的核心内容是关于原子运动的规律的理论。

原子学说本来是距今大约2 500多年以前，由古希腊的唯物主义哲学家留基伯与他的弟子德谟克利特提出来的。"原子"这一词来源于古希腊语atomos，原意是不可分割之物。原子学说就是主张"所有物质是由不可再分割的最小微粒组成的"。

← 《化学哲学新体系》中的页面

原子理论之父　道尔顿

←牛顿像

在漫长的中世纪封建时代，神学认为"所有物质都是上帝创造的"，所以原子学说遭到扼杀。直到文艺复兴末期以来才重见天日。比利时化学家海尔孟特和培根最早主张物质是由微粒组成的。17世纪法国哲学家伽桑狄在撰写德谟克利特学生伊壁鸠鲁传记的过程中，复活了古希腊的原子学说，笛卡尔则提出用粒子的机械运动来解释物质变化的天才理论。波义耳采用了粒子学说，牛顿则倾向于伽桑狄的原子论。由于牛顿的绝对权威性，18世纪的科学家大都接受了原子论。道尔顿的原子理论可以说是18世纪原子学说与拉瓦锡的单质学说相结合的产物。

人们很早就猜想物质是由一个个原子组成的，千差万别的原子组成了形形色色的世界。在实际研究中，怎样区别原子呢？人们曾经对此束手无策。无法区别原子，那么原子论的全部观点只能是人们的假说、臆想，而科学是必须尊重事实的，这就是原子理论诞生前的背景。

道尔顿的原子理论的核心是提出了"原子量"这一概念。从今天看来，原子量的概念是很平常的。而当时，人们认为原子是无限小、不可再分割的粒子，重量是没有意义的。即使原子有重量，它的重量也是无法称量的，称量不了的重量等于没有意义。所以，道尔顿提出"原子量"概念是需要极大勇气的。

科学家都是大无畏者。

道尔顿的勇气来自坚定的信念和实验的支持。他坚信原子重量是可以称量的，原子重量是原子性质区别的唯一标志。任何重量概念都有两层含义。一是绝对重量，比如一克拉钻石、一公斤大米。二是相对重量，比如某物比他物重两倍。当绝对重量无法称量时，我们经常用相对重量。

道尔顿创造地提出了用测量原子相对重量来确定原子量的建议。

← 拉瓦锡像

一下子，化学界沸腾了。

道尔顿对于原子论的卓越历史贡献，就是第一次使原子通过原子量与具体的化学实验结合起来，使过去关于原子的模糊概念从此清晰起来，使以往虚无飘渺、不可捉摸的原子，具有了实验操作性。化学界乃至整个科学界莫不为之欢欣鼓舞。

道尔顿在《化学哲学新体系》中提出的构成原子学说的基本概念，可以归纳为如下几条：

1. 所有物质是由不可分割的原子组成的。

2. 原子可分为单一原子与复合原子两种。单一原子相当于今天所称之原子，复合原子相当于分子。

3. 原子的种类与元素种类相同。

4. 凡是同种原子都具有相等的体积、形状和重量，引入了原子量概念。凡是同种复合原子都具有相等的体积、形状和重量，它的重量等于各个组成原子的重量之和。

5. 所谓化学现象就是各种原子相结合，或结合的原子间的相互分离。换句话说，一切化学变化归结于原子间结合方式的变化。

道尔顿还创造性地提出了原子量计算法、原子间结合、原子象形符号等科学认识。道尔顿的原子理论解决了贝托雷与普鲁斯特之间的争论。

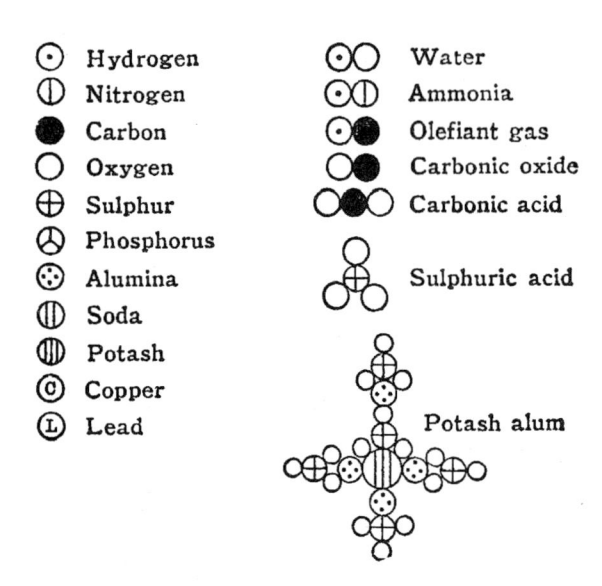

⊙ Hydrogen	⊙○ Water
① Nitrogen	⊙① Ammonia
● Carbon	⊙● Olefiant gas
○ Oxygen	○● Carbonic oxide
⊕ Sulphur	○●○ Carbonic acid
Phosphorus	
⊙ Alumina	Sulphuric acid
Soda	
Potash	
Ⓒ Copper	Potash alum
Ⓛ Lead	

《化学哲学新体系》中描绘的原子和分子

道尔顿提出原子区分可以通过原子量来确定，这是一个突破的创造。他自己就用了很大力气去测量原子量。早在发表《化学哲学新体系》之前，道尔顿于1805年公布了原子量表，未曾作任何说明。道尔顿作为一个气象学家，提出了化学原子论，他的实验技巧性相对是比较差的，远远不如地道的化学实验大师。道尔顿的功绩在于他引入了原子量这一概念，并且把原子量作为化学必须优先解决的问题，在于可以使原子直接联系到实验结果这一点，而不在于解决关于正确计量或测量原子量这一实际问题。

崭新的原子理论，既有逻辑自洽的理论体系，它

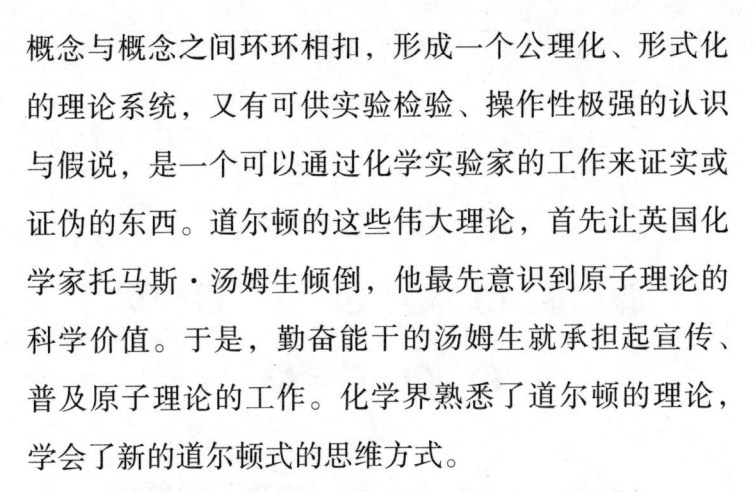

概念与概念之间环环相扣,形成一个公理化、形式化的理论系统,又有可供实验检验、操作性极强的认识与假说,是一个可以通过化学实验家的工作来证实或证伪的东西。道尔顿的这些伟大理论,首先让英国化学家托马斯·汤姆生倾倒,他最先意识到原子理论的科学价值。于是,勤奋能干的汤姆生就承担起宣传、普及原子理论的工作。化学界熟悉了道尔顿的理论,学会了新的道尔顿式的思维方式。

在道尔顿以前,化学从一定意义上可以说是一堆杂乱无章的观察材料和实验的配料记录。道尔顿的原子理论使得化学从收集材料走上了整理材料的道路,并使得人们把对物质结构的一个基本层次——原子的认识,真正建立在科学的基础之上,它为化学开辟了一个新时代,给整个科学创造一个中心并给化学研究工作打下了牢固的基础。

同时我们必须指出,道尔顿并没有穷尽科学真理。道尔顿的理论启发性强,而在提出的确凿材料方面却略显不足,但他的学说一到其他化学家手里,其中蕴藏的思想就逐渐发展起来。

就在道尔顿不朽著作出版的那一年,英国医生和化学家威廉·武拉斯顿提出了化学倍比定律的确凿证据,他证实了道尔顿的认识的科学性。

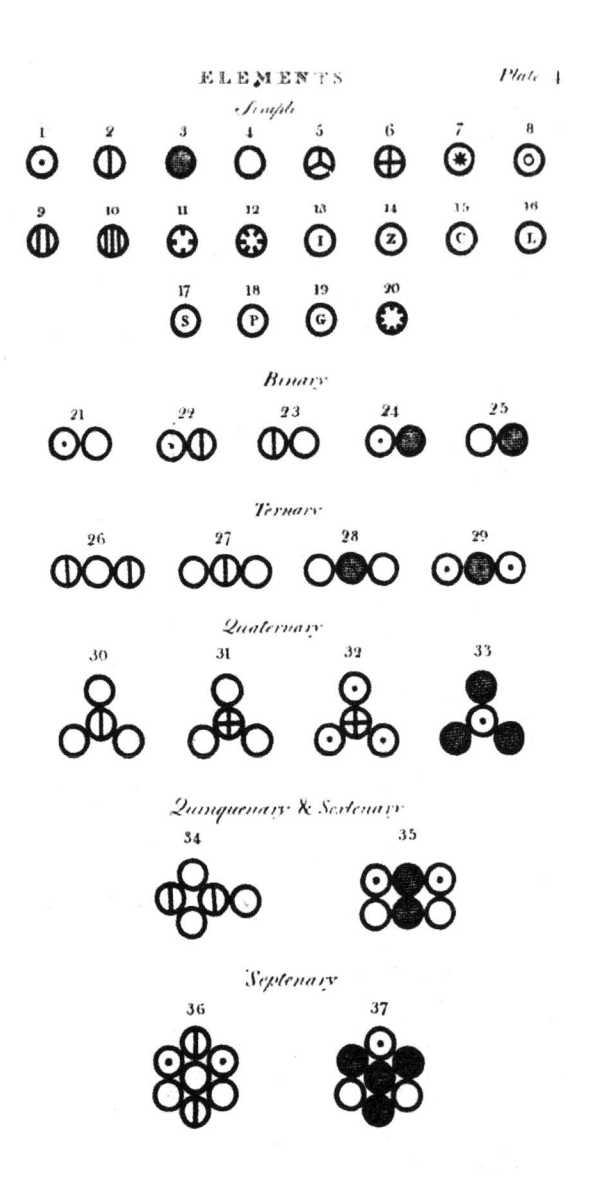

← 《化学哲学新体系》中描绘的原子和分子

原子理论之父　道尔顿

科学发展就像一场马拉松式的接力赛，科学大师手握接力棒跑得快、跑得长，有的科学家只跑了一会儿，但他又传给了另一位跑得快、跑得长的人，科学就更加飞速地发展了。

武拉斯顿的实验引起了瑞典青年化学家贝采利乌斯的注意。他通过汤姆生和武拉斯顿的著作和实验，才对道尔顿的学说有了认识。青年化学家贝采利乌斯从此决心把精力主要用于定量分析，目的是检验各个化学结合律和各种不同的原子量。

贝采利乌斯日后成为了19世纪上半叶最有威望的化学家。贝采利乌斯具有出色的实验技巧，出色的操作能力，他精心分析了大约2 000多种单质或化合物，制定了含有50多种元素的原子量表。

→ 贝采利乌斯

道尔顿的缺陷完全被贝采利乌斯的长处所弥补了。贝采利乌斯测量的某些原子量的精确度达到了与现代数值只差千分之几。我们现在在中学、大学一二年级所使用的原子量

> **相关链接** XIANGGUAN LIANJIE
>
> 贝采利乌斯（1779年8月20日－1848年8月7日），瑞典化学家，现代化学命名体系的建立者。
>
> 1802年，贝采利乌斯毕业于乌普萨拉大学，1807年出任斯德哥尔摩大学化学学院教授。他首先提出了用化学元素拉丁文名称的开头字母作为化学元素符号，第一个提出了有机化学这一概念，发现了硒、硅、钍、铈等元素，他与道尔顿、拉瓦锡一起被认为是现代化学之父。

还不如道尔顿的忠实门徒贝采利乌斯测定的精确呢！

贝采利乌斯的精确实验结果和道尔顿的奇妙理论认识在19世纪上半叶充分结合，极大地推动了化学的发展。科学发展历史上的无数事实表明：理论联系实际是事物发展的真理。我们在从事任何事情时，都要遵循这一认识。

道尔顿的著作和他对真理的强烈追求受到了人们的普遍敬仰。1816年，他被选为法兰西科学院通讯院士；1817年被选为曼彻斯特文学哲学学会终身会长；

原子理论之父 **道尔顿**

1822年当选为皇家学会会员；1832年，牛津大学授予道尔顿博士学位的崇高荣誉。

西方哲人叔本华曾引证说："名声躲避追求它的人，却追求躲避它的人。"道尔顿一生淡泊名利，憎恨虚华。但是，他从壮年时候开始，时刻都成为社会文化的焦点和热点。人们关注着道尔顿的工作，为他所取得的每一项科学进步而感到兴高采烈。曼彻斯特人民尤其敬重这位伟大的科学家。

有一次，道尔顿去外地接受一项荣誉，这是迫不得已的事情，曼彻斯特市政当局询问他时，他明确回答："我哪儿也不去，我永远住在美丽的曼彻斯特！"

为了纪念道尔顿，曼彻斯特有一条街被命名为约翰·道尔顿街。

崇高来自不懈的努力

> 告诉你使我达到目标的奥秘吧,我唯一的力量就是我的坚忍不拔的精神。
> ——巴斯德
>
> 如果我比我周围的人获得更多的成就的话,那主要是,不,应该说完全是,来自不懈的努力。
> ——道尔顿

1832年,早春3月的一天,天气晴朗,没有一丝云彩。熟悉气象就像熟悉自己指纹那样的道尔顿知道,这种天气预示着未来几天都是晴天。当早上从牛津城一家客栈起床以后,他首先记录了天气情况。然后,他吃过早饭就静静地看起书来。牛津大学今天要授予道尔顿法学博士学位。

本来,道尔顿十分坚决地拒绝接受这一荣誉。道尔顿对荣誉地位、社会知名度之类的东西历来不感兴趣,他认为那些是世俗社会的粗俗之举,就像耍猴的人一样,是为了自己的收益。牛津大学的来信他没有回复,他没有时间去为这些事操心。

原子理论之父　**道尔顿**

后来，牛津大学来信说这是汉佛莱·戴维的遗愿，牛津大学还要将戴维的一些遗稿馈赠给道尔顿。这些情况使道尔顿心动了。为了自己与戴维的友谊，为了那些关于电化学的手稿，他也要去一次牛津，这样他就来到了牛津城。

道尔顿与天才化学家戴维有什么联系呢？

原来，戴维比道尔顿小12岁，但是自古英雄出少年。戴维22岁就以对电池及其化学作用的研究、发现金属钾的存在而闻名于世，25岁当选为皇家学会会员。他喜欢交际，化学实验技术很高，相继作了不少惊世

→汉佛莱·戴维

←道尔顿素描像

骇俗的研究。他擅长演讲，他的学术报告是牛津乃至伦敦社会生活的一件盛事。

当道尔顿作为近代原子学说的创始人，已闻名于世的时候，皇家学会仍未选他为会员，他们对道尔顿的非国教信仰抱有微词，对他是非国教徒怀有偏见。当不当皇家会员倒无所谓，但是，这口气一定要争一争。是仗义执言的戴维，为道尔顿主持公道，为道尔顿游说，终于正义战胜了偏见，1822年道尔顿成为皇家学会会员。为此，他钦佩和敬重戴维的为人处世。

盛大的典礼、庄严厚重的博士方角帽压得道尔顿喘不过气来。他巴不得仪式早早结束。

典礼终于结束了。道尔顿松了一口气。

拥挤的祝贺人群中，跑过来一个报社的女记者，

原子理论之父　道尔顿

←道尔顿像

纯熟地运用法语表示惊奇。当得知道尔顿完全是自学法语时，盖·吕萨克更是目瞪口呆。

道尔顿终身从事气象观测工作，并对观测资料进行整理，他一直极其认真地记气象日志，前后记下20多万次的观察结果。我国著名化学家、化学教育家、化学史家袁翰青先生，曾经莅临曼彻斯特观礼，他亲自观看了道尔顿的气象日记，他记载说：

"几十大本日志摞起有几米高，每一页用标准字体、工整地记载着气象信息，冷眼望去仿佛是印刷出来的一样，一尘不染，没有一个错误或涂改处。只有1844年7月27日记的气象日志有些特殊，字体是歪斜

原子理论之父　道尔顿

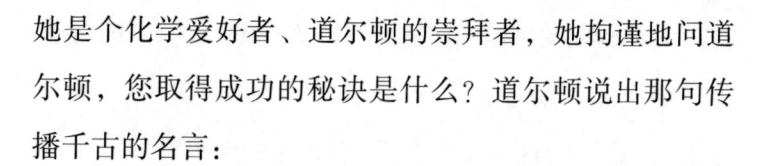

她是个化学爱好者、道尔顿的崇拜者，她拘谨地问道尔顿，您取得成功的秘诀是什么？道尔顿说出那句传播千古的名言：

"如果我比我周围的人获得更多的成就的话，主要是，不，应该说完全是，来自不懈的努力。"

道尔顿认为，历史上的伟大人物之所以受到人们的尊敬，不在于他们取得了什么样的成就，而在于他们那坚忍不拔的生活态度，在于他们对真理的无止境的追求。生命的本质就在于不断追求。至于追求到了什么，是无足轻重的。

早在青少年时代，道尔顿就立下孜孜不倦自学的决心。数学、物理学、天文学、法语、簿记学、测量术都是他艰苦自学的结果。多少烈日炎炎、蚊虫叮咬的夏季，许多人都去避暑了，道尔顿却汗流浃背地自习着；无数个寒风呼号、手脚冻僵的寒冬，道尔顿蜷缩在"冷似铁"的被子里苦读。任何成功者的背后，都不是鲜花铺径，雨露阳光，而是艰苦的跋涉，不倦的攀登。道尔顿涉猎了广泛的领域，花费了无数的青春时光。

为了完成教学任务，同时也为开阔知识的视野，他学会了法语、希腊语、拉丁语，当他后来游历法国时，曾经与盖·吕萨克打过交道，盖·吕萨克对他能的，大概是道尔顿的手在颤抖，在'微雨'一词旁边罕见地滴了一滴墨汁，估计道尔顿连握笔的力气都没有了。"最后的这一篇气象日志是道尔顿临终前几个小时写下来的。中国人有句名言，活到老，学到老。道尔顿的一生，从生到死都在不懈地追求科学真理。

自从1794年道尔顿成为曼彻斯特文学哲学会的会员始，直到他逝世，50年生涯中，他一共在学会作过119次学术报告，平均每年2次以上。科学研究的死敌是重复与模仿，他每次都要讲出新的内容，新的创造。这119次学术报告要花掉道尔顿多少个不眠之夜呵！

不懈的努力，不懈的追求，造就了崇高，造就了道尔顿。

就在道尔顿创立了近代原子论以后，荣誉地位接踵而来，很多人比如说戴维在这种环境中就迷失了方向。但是道尔顿的头脑很清楚。

道尔顿的原子理论引起了科学界的广泛注意，他应邀到伦敦讲学。几个星期之后，他又回到曼彻斯特，他

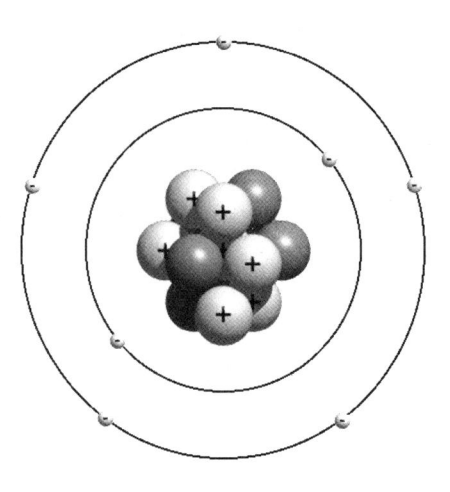

← 原子模型

原子理论之父　道尔顿

→ 道尔顿在曼彻斯特时的住所

忘却了伦敦迎接他的人群，忘却了不绝于耳的赞许，继续从事他不愿意却不得已放下的测定原子量的工作。

测定原子量的工作成了道尔顿后半生的主要工作。他取得的结果越来越准确了。新的想法涌现了，有趣的设想产生了，必须重新计算和修改许多科学家的分析结果。道尔顿从1803年9月6日，在自己的实验工作日志上写下第一张原子量表开始，不止一次地发表他的新原子量表。其中有些数字并没有改变，而有的则比以前发表的数值大一倍，有时甚至大两倍。已测定原子量的元素数目在不断增加。不仅英国的科学家，连法国、德国、意大利、瑞典以及俄国的科学家也都在关注着道尔顿的成就。

道尔顿每每不懈地前进一步，科学界就向前跨进一步。道尔顿像一队长跑比赛中的领跑，他的快慢决定着全队的成绩。后来，贝采利乌斯接过领跑的职责，道尔顿仍然在顽强地跑着。

科学研究家的使命就是这样，永恒地探索，永无止境地追求未知事物。

当人们盛赞道尔顿的原子论给化学开辟了一个崭新的时代时，他谦逊地说，我的理论还远未达到尽善尽美的地步，要做的工作还很多，我的设备简陋，资金微薄，测量原子量的工作还要仰仗大家。

是的，直到道尔顿成了名满欧洲的大科学家，他还是没有固定收入的"无职业者"。英国政府在全世界舆论的压力下，不得不关心道尔顿的生活，1833年决定给他发养老金，年俸150英镑。道尔顿把一切都献给了科学，金钱是他扩大实验的最好保证，他又把年金投入到了科学研究当中。

从原子理论发展的历史过程看，不得不承认，当时在化学界反对原子论的也大有人在。其中贝托雷连定比定律都反对，所以对与此有密切关联的原子概念也是反对的。反对原子论的代表人物是戴维。他是终生反对原子理论的，

← 道尔顿在曼彻斯特时的住所

原子理论之父　**道尔顿**

为了避免因承认倍比定律而不得不接受原子量这种提法的问题，戴维是用"化合量"这一名称来否认原子这一概念的。著名的美国化学家武拉斯顿开始推崇原子论，后来又对原子论尤其是对原子的不可分割性抱有怀疑而避讳原子，他说，原子论是一种无法证实的推测。

有这些著名化学家的反对，原子理论发展遇到了巨大的压力。任何动摇和犹豫都可能延缓化学历史的进程，道尔顿承受了这一巨大的压力。

→ 道尔顿像

事实上，在化学发展史上，始终有两个对立却又不可分开的学派在斗争。一个是化学实验派，一个是化学理论派。前者，总是把一切问题诉诸于实验结果，以实验结果判决一切，否认理论的价值，轻视逻辑思维；后者，总是强调理论至上，认为实验不过是理论的注脚而已，认为理论高于一切。戴维就是化学实验派的典型，他极力反对思辨，对一些理论概括或假说，自始至终持怀疑态度。

道尔顿与戴维在理论上的歧见，并没有妨碍他们之间的友情。

道尔顿为了驳斥反对者，进行了卓绝的努力。道尔顿始终认为大多数化合物都是二元化合物，后来他又设想了存在三元化合物。但是不解决原子量的问题，就是神仙下凡对于人们也是无助的。然而，当时的确又不具备精确测定原子量的条件。道尔顿夙兴夜寐，含辛茹苦。他曾经设计出一整套符号来表示他的理论，这套符号用一些空实心的圆圈表示不同元素的原子，所以很快就被人们所采用了。后来，贝采利乌斯又发明一套用元素名称字母缩写表示的化学原子符号，直到今天我们还在使用。

从历史唯物主义的角度看道尔顿，可以发现他是一个人在孤军奋战。本来他可以联合贝采利乌斯、阿

原子理论之父　**道尔顿**

佛伽德罗、盖·吕萨克等一系列化学家，组织起浩浩荡荡的原子论大军，有力地推动化学向前发展。但道尔顿没有这样做，他顽强地寻找原子论的新证据，同时从事着包括气象学的基本内容的探索研究。

道尔顿一生追求真理，除了历史上不朽的《化学哲学新体系》上下两卷以外，还有《气象观察与研究》，以及英语语法专著5册，另有学术论文116篇，堪称是一个高产的科学家。

不懈地追求直到生命自然结束，这就是道尔顿一生的写照。

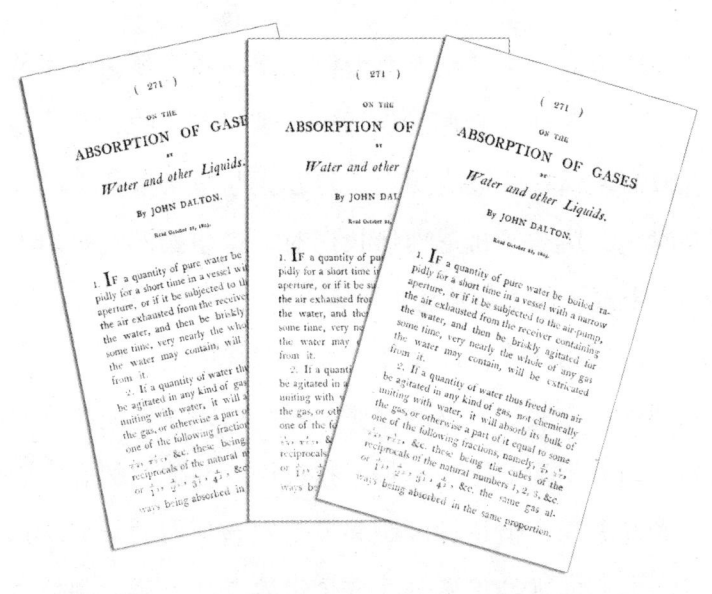

道尔顿著1803年版《关于气体的水和其他液体吸收》

心灵宁静比什么都重要

> 谁追求占有了科学和艺术,他就有了宗教。
>
> ——歌德
>
> 在我看来,人类精神愈是向前进化,就愈可以肯定地说,通向真正宗教感情的道路,不是对生和死的恐惧,也不是盲目信仰,而是对理性知识的追求。
>
> ——爱因斯坦

德国浪漫主义诗人海涅曾经用一句话评论了康德的一生,那就是康德的生活史是难于叙述的,因为他既没有生活,又没有历史。道尔顿与康德生活于同一个时代,康德于哥尼斯堡长逝时,道尔顿已经基本上孕育形成了原子量概念。

道尔顿和康德以及他们那个时代的人一样,对追求理性有一股宗教般的虔诚。这种认识使他们能够平静地面对生活的剧变,尽管这种剧变在他们的心中确也激起波澜,但这种波澜并没有左右他们的行为。相反,他们的理性思考却改变了世界,在世界上制造了波澜。

原子理论之父　**道尔顿**

康德一生在哥尼斯堡城度过，他生活刻板，"过着一种机械般有秩序的，几乎是抽象的独身生活"。每天当康德穿着灰色外衣，拿着藤手杖，从家门口出来，漫步走向菩提树小林荫道的时候，哥尼斯堡大教堂的大时钟正好敲响下午3点半钟。但是，他崇尚理性，追求真理，他大声疾呼："勇敢地使用你自己的理性吧！"。

道尔顿的大半生是在曼彻斯特城度过的。他的生活在别人看来一定也是单调之极：每天急匆匆地去上课或留在家里授课，连休息片刻仿佛也舍不得似的，立即投入研究工作，不是进行实验，就是伏案奋笔疾书。授课、研究，研究、授课，就像墙上惠更斯振子钟的机械摆锤一样，来回变换。

除了几次不得不去欧洲大陆国家讲学、接受荣誉之外，他足不出

户地一直待在曼彻斯特。人的肉身虽然在曼彻斯特学会会馆的房间里，可是精神和灵魂已经钻入到原子神秘的世界中去了。曼彻斯特的社交界几乎无人不晓得道尔顿，但社交界几乎没有人认识道尔顿的真面目。

道尔顿热爱曼彻斯特，热爱会馆的环境，热爱研究生活的深刻、单调，他一生独身没有组成一个温馨家庭。当熟悉道尔顿的人问他为什么独身而不结婚，他的理由是"因为忙，无暇考虑婚姻问题"。道尔顿是生活的硬汉，他热爱生活。细心的历史学家考证道尔顿生活史，他们说在30岁以前道尔顿似乎也有过两三次恋爱事件，但无论哪一次，不是因为他的执迷工作

原子理论之父　**道尔顿**

而失败，就是因为他的单恋而告终。在道尔顿看来，恋爱还不如科学研究有意思，面对胆大如火的俊俏姑娘，他手足无措，言语木讷，惹得人家哭泣而去；遇到稳重的女孩子，两个寂静地对坐着，忽然一个科学念头出现了，他便抛下女孩子径直去"爬格子"了。看来，科学和恋爱是有些不相容，道尔顿孤独地走完人生之路。

道尔顿生活于19世纪上半叶，英国的政局主要就是民权党与保守党之间的权力之争。民权党为自由、博爱和普遍的人的天赋之权而苦斗，保守党强调皇权代表国家，贵族是社会精英。两者你来我往，在政坛上斗得难解难分。道尔顿作为非国教徒理所应当属于

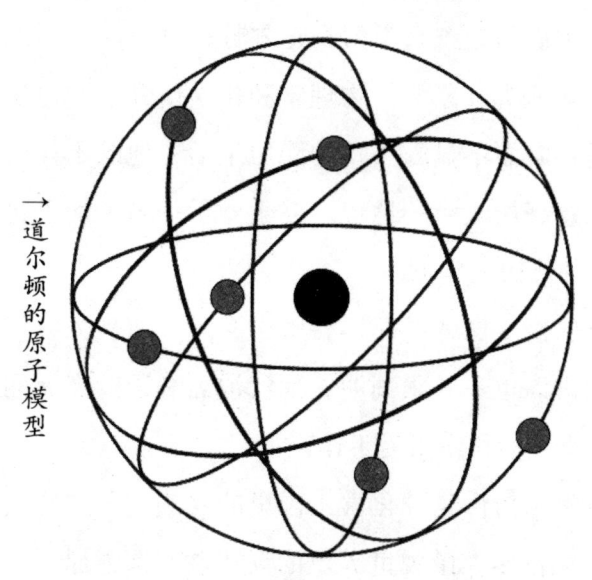

→ 道尔顿的原子模型

民权党派，但是道尔顿却支持保守党，可是他又说不出什么理由，由此可见他几乎不关心政治，也弄不懂政治是什么，不过人云亦云罢了。

道尔顿平时默默寡言很不善于表露自己的感情，近乎我们中国人所说的"大智若愚"的木讷样子。

1799年，经过反复的思想斗争，他辞去了曼彻斯特学院的教职，从此一生再未在任何学校任职。离开学校之后，曼彻斯特文学哲学会允许道尔顿使用协会机关的一部分房子。他又在附近租了一所房子，除了吃饭时回公寓之外，终日都在协会的工作室里勤奋地进行实验研究和学习。

后来，为了节约时间，他的家教工作也挪到这里。每天学生们匆匆跑来学习，道尔顿认真授课，功课完成后，又埋头气象学、物理学和化学研究了。道尔顿过的是朴实而不显露头角的隐居生活，他既不任公职也不愿意高居显赫的地位，终生做了一名生活于普通市民中的庶民科学家。

道尔顿不像戴维那样，善于交际，而且大庭广众之下的讲课也不是很高明，他淡泊名利，默默无闻地从事了多年的科学研究工作。

道尔顿仿佛是"化学王国里的立法者"一样，热爱寻找大自然在微观世界里的规律性，探索原子运动

原子理论之父　**道尔顿**

变化的奥秘。对于理性的追求，对于科学研究的沉迷，构成了道尔顿精神世界的丰富与充实。他像大海一样，深沉而不露，一旦变动时却又掀起滔天大浪。

当贝托雷与普鲁斯特争论得难舍难分的时候，道尔顿以柔弱的声音说出了他对原子世界的认识，结果贝—普争论的喧嚣变成细微的喃喃私语，道尔顿原子论的微言成了震惊四座的巨响。

在世界上，很多人愿意投身轰轰烈烈、引人瞩目的生活当中。道尔顿却总是回避热点，不愿意成为公众视线交错纵横的"焦点"。

1818年，考察北极成为公众十分关注的社会热点，英国政府任命约翰·罗斯爵士为北极考察队队长，罗

→ 原子模型

科学家卷　087

斯爵士亲自邀请、英国政府任命道尔顿为考察队的科学专家，很多科学家梦寐以求地想获得这一头衔，但是道尔顿沉思一段时间以后，决定婉拒这一邀请和任命。他觉得留在曼彻斯特要解决的问题，对于科学有着更大的意义。

道尔顿认为，还是在办公室里安静地工作为好，他不愿意分散精力和失去宝贵的时间。前去北极考察，要受到盛大的欢送，和凯旋式的欢迎，每一个人都会成为社会知名、人人钦佩的人物。道尔顿认为，这些东西都是外在的，真正的生活意义就是心灵的宁静，在于按部就班地向具有更大科学意义的问题挑战。

在欧洲，19世纪各国都十分尊敬科学家，尤其是像道尔顿这样的具有巨大创造力的科学家。1823年，法国科学界盛邀道尔顿访问巴黎，著名法国化学家盖·吕萨克主持接待工作，道尔顿出席了一些会议，作了一系列报告。他无心留意塞纳河的风光，更没有注意夜巴黎的轻歌曼舞，而是一头钻进盖·吕萨克的实验室里，讨论起改进测定原子量的方法。

从某种意义上讲，这个世界是奇怪的。越是不想获得名誉，越是不留意荣誉的，偏偏社会要多多赋予他。

1794年道尔顿被提名当选为曼彻斯特文学哲学学会会员；

1800年被选为曼彻斯特文学哲学学会秘书长；

1808年被选为曼彻斯特文学哲学会副会长，1817年起直至逝世一直担任会长；

1816年，道尔顿被法国科学院选为通讯院士；

1822年，道尔顿成为英国皇家学会会员；

1826年，英国政府授予道尔顿金质勋章；

1832年，道尔顿获得牛津大学的法学博士学位；

1833年，英国政府给予道尔顿终身年金；

1834年，道尔顿所在的曼彻斯特市市政委员会决议，在市政大厅为道尔顿树立等身白大理石雕像；

……

此外，道尔顿还先后被选为柏林科学院名誉院士、莫斯科科学协会会员、慕尼黑科学院名誉院士，等等。

凡逢此类事情，道尔顿总是一笑置之，转而又投身到他的科学研究当中去了。对于道尔顿而言，静静地从事科学研究才是最高意义的享受，在那里他忘却时间，忘却人间的荣辱，自己的精神完全与自然界化为一体了。

人们有时把科学家孜孜追求真理几十年，看作是科学家异于常人的刻苦耐劳、持之以恒的禀赋，其实真正了解科学生活之后，就知道这是一种宁静致远的心态。

道尔顿曾前往法国巴黎访问，在盖·吕萨克的实验室内，两个人曾抵足彻夜长谈，议论及研究工作要求的性格时，道尔顿比较多地谈了自己的看法：对于研究人员来说，最基本的品格，就是难以满足的好奇心，一般来说，科学研究爱好者比常人保有更多好奇

原子理论之父　**道尔顿**

的本能。每个人都有想象力，如果受到有可能发现前人从未发现过的事物的激励，那么他就会深入钻研下去。只有那些对发现抱有真正兴趣和热情的人才会成功。

盖·吕萨克说，最有成就的科学家具有狂热者的热情，这种热情一方面促使他成功，另一方面也会使他固执己见，拒不接受客观判断自己成果的结论。

在法国巴黎访问期间，最让道尔顿心动的不是塞

→ 盖·吕萨克像

纳河之夜，也不是香榭丽舍大街的繁华，而是盖·吕萨克装备精良的实验室。当盖·吕萨克赞扬道尔顿"给化学开辟了一个崭新的时代"时，道尔顿谦虚地说，我的理论还远未达到尽善尽美的地步，要做的工作还很多，我的设备简陋，资金微薄，事情不太好办。

盖·吕萨克十分折服道尔顿的原子论，每每直接赞不绝口地夸奖道尔顿。要知道道尔顿那个时代，盖·吕萨克几乎就代表着法国化学界。

道尔顿的内心精神世界是古井无波的，他仿佛已进入了宠辱不惊的境界。

相关链接

盖·吕萨克（1778年12月6日－1850年5月10日），法国化学家和物理学家，以对气体研究而闻名世界。他也在毒品方面做出许多发现。

1804年吕萨克和物理学家毕奥等人乘坐拿破仑时代的气球，升上5 800米的高空，进行空气测量和实验。1805年吕萨克发现了一体积的氧气和两体积的氢气燃烧会生成水。1812年，他发现了氯气。1818年，任法国政府的火药制造厂总监。

从1808年至1832年他任索邦大学的物理教授。后来他任巴黎植物园的化学教授。1829年，任法国造币厂首席化验员。1831年他被选为上维埃纳省的众议员，1839年他进入参议院。晚年的盖·吕萨克因实验不慎，坩埚发生爆炸，受到重伤，一直患有严重的关节炎，后来健康逐渐恶化，仍坚持进入实验室工作。1850年5月9日在巴黎逝世。

辩驳出真知

> 真理如同燧石一样，只有不断地猛烈敲打、撞击，它才能闪烁耀眼的光芒。
> ——西方谚语
> 灯不拨不亮，理不辩不明。
> ——中国谚语

事物的真理仿佛喜欢人们说三道四似的，越是辩驳就越能显示出真理的光辉。原子论诞生于科学争论之中，又在科学争论中茁壮成长，同时还引出了新的争论。

正是在这争论、驳斥、验证中，科学不断深化，日益为人类发展做出更大的贡献。

早在海尔孟特时代，人们就对物质为什么会发生变化产生过两种不同的认识。一，既然物质之间可以转化，那么它们之间一定有一种本原或共同的本原；二，物质本原之间的分开和结合是物质变化的重要原因。

对于第一个认识，古希腊认为是原子或粒子，然而对其种类和数量却有较大的争论，有的人认为是1个，有的人认为是4个，或5个。中国人的"五行说"趋向于金木水火土5种。对于第二个认识，人们也众说纷纭，有的认为事物结合的力量在于爱与憎，有些人说是粒子的形状，有的人说是一种神秘的亲和力……

长期以来，人们的争论推动了对这两个问题的认识。到了道尔顿之前的时代，随着科技制造技巧、设计实验的技巧以及人们理论思维的技巧的成熟和发展，对上述两个认识又深化了。

波义耳认为，物质由粒子组成，不同性质的粒子即元素是物质发生化学反应的根本原因，他认为元素

> **相关链接**
> XIANGGUAN LIANJIE
>
> 牛顿的引力定律还是现代对引力的一般认识，在1687年，牛顿在他的《自然哲学的数学原理》一书中发表了万有引力定律。牛顿的万有引力定律的陈述如下：
>
> 宇宙中每个质点都以一种力吸引其他各个质点。这种力与各质点的质量的乘积成正比，与它们之间距离的平方成反比。
>
> 牛顿的万有引力的概念和量化一直持续到了20世纪初，直到相对论证明其在超距作用上的观点站不住脚。

之间的结合是天经地义的，或者说波义耳没有深入追逐元素为什么要相结合的问题。与波义耳同一时代的法国化学教育家勒梅里，提出并回答物质相互结合的问题及原因。他用形状的不同来解释各种物理性质和化学性质。例如，酸的原子长有锋利的尖刺，所以能使皮肤产生刺痛感；碱是一种孔隙极多的物体，酸的尖刺刺入这些孔隙后会折断或变钝，结果生成中性盐。勒梅里的解释肤浅不堪，但看起来却合情合理，清晰明白，甚至对那些不懂化学的人也是如此，结果对推

原子理论之父　道尔顿

动人们对化学的兴趣，发挥了极大的促进作用。

牛顿时代的化学家认为，物质变化是粒子机械运动的结果。牛顿提出了"万有引力"的概念，化学家们受其影响，提出物质的每个微粒都具有某种吸引力，这种力才是它发生化学反应的唯一原因。因此，化学亲和力便流行起来。化学家们此时不是十分关心粒子本身，而是关心粒子之间的结合力。粒子的反应能力的大小，按顺序排列构成了亲和力表。这样形成了当量理论。

1718年，法国化学家大杰沃弗罗瓦列出第一张比较有实用价值的亲和力表。1775年，瑞典化学家贝格曼精心编制了最为完备的亲和力表。通过探讨亲和力顺序，极大地扩展了化学家们的视野，最终为突破这一限制奠定了基础。

拉瓦锡则认为，化学研究的深化必须借助于天平的运用，因此把化学家对原子运动的研究引向了定量化。法国化学大师拉瓦锡除发现了氧元素以及燃烧的本质等重大事项外，还设计出一套测定具体化学物质反应重量的方法。从此，化学家们不仅关心原子运动的性质，而且关心原子运动的数量规律。

这些化学发展成为道尔顿创立原子论的宏观背景，化学理论上的争论是道尔顿原子论的催化剂。

1799年，正是世纪之交，人们期待着新世纪的到来，期待新世纪的到来将使人们摒除以往的无知、愚昧和痛苦。就在这一年，法国化学家普鲁斯特从化学定量分析的角度，提出了定比定律和定组成定律。

普鲁斯特发现的定律，概括起来说就是揭示了原子结合时在数量上是确定不变的一个性质。大家知道，氢元素与氧元素相结合生成水时，原子结合的数量是

←拉瓦锡夫妇像

原子理论之父　**道尔顿**

不变的，永远是一氧二氢，类似的还有盐、碱、酸等物质。这一类化合物被后人称作为"普鲁斯特式化合物"，它们的共同特征之一，就是原子相互结合的数量不变。

世界是很大的。人们发现了一些真理性认识，就主观地认为世界一定就是这个样子的。普鲁斯特以为化合物一定都是原子数量不变的结合的结果。其实，世界是很丰富的。

法国另一位化学家贝托雷在实验中，偏偏研究了另一类化合物，他们之间的结合在原子数量上是变化不定的。大家知道，碳元素与氧元素结合，就有时生成一氧化碳，有时生成二氧化碳，其他如合金、玻璃、络合物等更是如此。贝托雷认为，化合物

→ 描写『贝－普争论』的漫画

组成是可变的。后人将随化学反应条件不同而制成不同组成的化合物，称做"贝托雷式化合物"。它们的共同特征之一，就是原子相互结合的数量是可变的。

在真实的化学发现过程中，贝托雷的认识和普鲁斯特的观点是水火不相容的。如果贝托雷的说法真，那么普鲁斯特的说法一定假。这样，两人就为了真理而激烈争论起来。

←道尔顿像

学术争论使他们对自己的研究进一步深化了。他们的争论从表象进入深层，迫使人们只有从原子论的微观内涵来说明，才能真正把问题弄清楚。

道尔顿原子论就是在这样的背景下应运而生的。

1802年，道尔顿在曼彻斯特发表具有原子论萌芽性质的论文，从而一发而不可收。

化学发展是奇妙的。道尔顿的木讷、沉默，很可能会阻碍化学发展，道尔顿掌握了真理，但他不愿意大声喧嚣、张扬，发表论文之后又埋头工作了。可是，偏偏有一位热情如火、大声疾呼的英国化学家汤姆生，

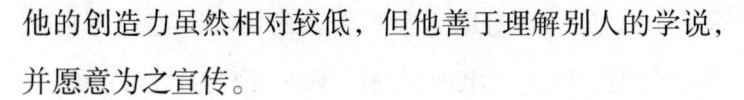

他的创造力虽然相对较低，但他善于理解别人的学说，并愿意为之宣传。

1804年，汤姆生到曼彻斯特访问道尔顿，道尔顿叙述了他的原子论。他的叙述可能是不完整的，也可能有些前后矛盾。但汤姆生热情地接受了道尔顿的原子学说，并早于道尔顿一年，出版了他的《化学体系》一书。汤姆生第一次公开地论述原子学说。次年，道尔顿的著作《化学哲学新体系》出版，原子论问世了。

就像一个婴儿一生下来，就要受别人评论美丑一样。道尔顿原子论一诞生，化学界的评论、赞赏、敌视等等，一股脑儿涌来了。

首先对原子论持异议的是贝托雷。他重视的是原子反应结合时的条件，他是著名的质量作用定律的发现者。所以他的质问很快湮没在为道尔顿原子论的一片叫好之声中了。

其后，对原子论的诘难主要来自两个方面：一是英国化学家戴维，他认为原子论是一个假说，不可分割的原子看不见、摸不着，因此是不可信的。戴维之后，还有一大批化学家、物理学家持有此种观点，包括后来的著名法国化学家杜马、著名德国物理化学家奥斯特瓦尔德等人。直到19世纪末20世纪初，原子核被发现后，仍然有人不相信原子的存在，进而怀疑原子论。二是来自对原子量不精确的批驳。道尔顿自己发表的原子量表就出现过前后矛盾和不一致的现象。

道尔顿对于前者的批驳的回击，可以说是软弱无力的，因为他也时常怀疑原子到底是个什么样子的东西。对待这样的批驳，他诚恳地说，"我对这个猜想也没有完全的把握"。事实上，对原子存在的证明要到20世纪才彻底解决，道尔顿用理性把握了原子的存在，但他无法用感官来加以证实。这一切怨不得他，原子的确太小太小了！

对于原子量不精确，道尔顿心急如焚。原子量是区分原子的重要性质，原子量不精确，就意味着原子论的科学性成问题。这一问题的严重性，道尔顿不是不了解。

原子的重量是每一个元素的特征性质。测量原子

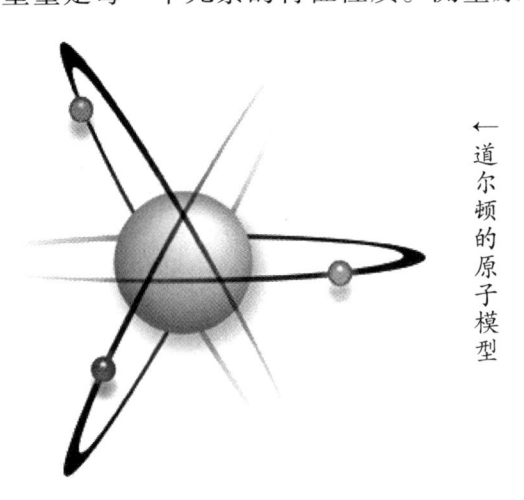

← 道尔顿的原子模型

原子理论之父　**道尔顿**

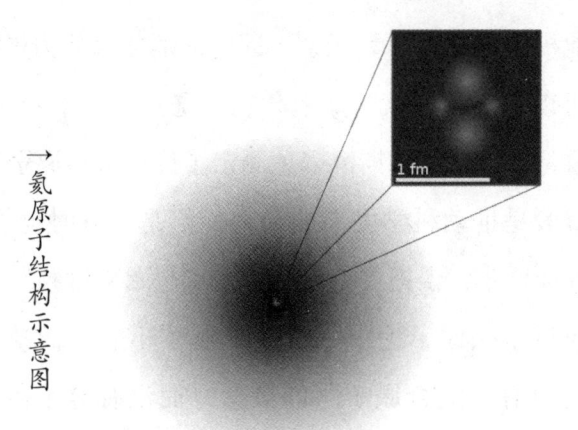

← 氦原子结构示意图

的绝对重量在道尔顿时代是绝对不可能的，道尔顿把目光转向了原子的相对重量上。现在，我们在中学大学所说的原子量，实际上就是原子的相对重量。

道尔顿经过深入研究，选定了最轻的氢元素原子的相对重量为1，然后将其他原子与氢元素原子的相对重量进行比较，依次得出物质原子的相对重量，即原子量。道尔顿的这一创见，极大地启示了精于定量分析的化学家们，他们纷纷寻找可与氢元素结合的化合物，进行测定其原子量。道尔顿也是这样进行实验的。

道尔顿选定氢元素原子相对重量为1的做法，是十分科学的，和今天科学界使用的完全一致。但是，各种元素能够与氢元素形成氢化物者毕竟是凤毛麟角，所以，慢慢地就出现了许多麻烦，一片不满之声汇成了巨响。这一矛盾的解决，应归功于贝采利乌斯的努力。他机敏地选择了氧元素，因为氧的化合能力极强，几乎可以和任何元素生成氧化物。通过设定氧原子的相对重量，贝采利乌斯准确地测定了许许多多原子量。

辩驳是推动科学发展的动力。但是，有时也能够使人神经紧张，误把支持自己的观点也拿来批判。

在道尔顿原子论中，有一个比较不明显的缺陷，那就是只有"复合原子"的概念，而没有分子概念。当化学实验一旦深入，它的弊端就很明显了。

道尔顿正式发表原子论的第二年（1809年），法国化学家盖·吕萨克通过一系列实验，确立了气体反应体积定律：在恒温恒压下，气体互相间以简单体积比进行反应，生成的气体的体积与反应气体的体积成简单的倍数。

← 道尔顿塑像

原子理论之父　**道尔顿**

盖·吕萨克发现的气体反应体积定律，本来是测量原子量的重要工具。但是，道尔顿按照直观分析，把这一定律当成了反对原子论的证据。因为按照盖·吕萨克定律，2个体积的氢气与1个体积的氧气形成2个体积的水蒸气，那么1个体积的氧气原子怎么会一分为二，分割成两部分。这显然是不可能的。因为原子是世界上最小的不可分割的微粒，这是原子论一条真正重要的命题。

原子论不会错，那么盖·吕萨克的发现肯定就不对了。道尔顿开始与盖·吕萨克争论起来。道尔顿提出了十分中肯、然而又不可驳辩的理由；盖·吕萨克重复了他的实验，数据准确可靠，重复性极好，这就使盖·吕萨克迟疑了。他十分尊重道尔顿的才学，他十分信服道尔顿的理论分析……

那么，鞋子究竟是在哪儿夹脚呢？

道尔顿与盖·吕萨克都陷入了迷惘。

不识庐山真面目，只缘身在此山中。当道

→印有吕萨克头像的纪念邮票

尔顿与盖·吕萨克争论无法深入而困顿时，远在意大利的一位法学博士看出了破绽，经过他的理论分析，一举解决了矛盾。

法学博士阿佛伽德罗生于1776年，比道尔顿整整小10岁。他成长于一个世代从事法律职业的家族，顺理成章地获得法学博士后，从事法律工作，担任律师。阿佛伽德罗虽然身为律师，但他的兴趣却在研究自然科学。他宁可抛却收入丰厚的律师工作，也要从事苦脏累的实验室小助理员工作。他一直工作在意大利都灵一所小学院中，但他对道尔顿与盖·吕萨克的争论却了如指掌。

阿佛伽德罗认为，只要承认存在着分子，那么道尔顿与盖·吕萨克之间的矛盾，就迎刃而解了。阿佛伽德罗提出了"阿佛伽德罗定律"。1811年，阿佛伽德罗的论文发表在《法国物理杂志》上。按照盖·吕萨克博览群书的习惯看，他应该读到阿佛伽德罗的论文，道尔顿好学不倦，又具有很强的法语能力，所以也会读到法学博士的论文。

为了调和两个人争论而发表的学术论文，理应受到两个人的重视。遗憾的是，阿佛伽德罗的分析、假说，没有受到两位争论者乃至整个化学界的重视。这一疏忽一晃就是50年。除了那位果断采用阿佛伽德罗论文的不知名编辑的欣赏之外，50年中没有人识得宝贝。直到在卡尔斯鲁厄召开第一次国际化学家代表大会上，阿佛伽德罗的同胞康尼扎罗才复活了它，使阿佛伽德罗假说成为定律，澄清了分子与原子之间的混乱。

道尔顿对盖·吕萨克与阿佛伽德罗的观点毕生未予承认。在道尔顿看来，同种原子形成紧密结合的分子是不可能的。他深受他那个时代的亲和力理论的影响。在创立原子学说的初期，他也曾设想过阿佛伽德罗描述的情形，但很快就毫不迟疑地抛弃了。

道尔顿逐渐变老了。人一老难免固执。一方面，原子论的成功使他感到欣慰、自豪，使他对自

→阿佛伽德罗像

己的思维能力和洞察力十分自信；另一方面他看到一些不符合自己思路的东西，就难免不宽容。他的名气和社会知名度，又使他的批评具有巨大的杀伤力。他是从实验走向主观推论达到真理性认识，再从主观推论出发走向否定实验性定律的。

← 晚年道尔顿

作为原子论的创始人本身，道尔顿自己阻碍了自己学说的发展。诗人海涅曾说过，如果创始的工作完成了，创始者要么死去，要么就变节。道尔顿倒谈不上什么变节，但是他自己确实阻碍了原子论的发展。

当贝采利乌斯创设出一套优越方便的原子符号时，道尔顿也给予严厉的批评，认为那些原子符号有损于原子论的美和简洁性。道尔顿终生拒不承认贝采利乌斯的原子符号，这使贝采利乌斯十分遗憾。

原子理论之父　**道尔顿**

曼彻斯特的光荣

> 人的身高一般总是介乎于一米五至二米之间。所以，人的伟大与渺小，并不取决于身高，而取决于他心目中所追求的对象的大小。
> ——赵鑫珊
>
> 上士忘名，中士立名，下士窃名。
> ——颜氏家训

从大不列颠国都伦敦出发沿泰晤士河西行，经牛津大学城，过布利斯托尔再一直北上200多公里，就到达了著名的英国第二大城市曼彻斯特。

曼彻斯特是一座英雄的城市。它曾经享有一系列"世界第一"的盛誉：曼彻斯特曾经是英国工业首府，也是世界第一个近代工业城市。1842年，伟大的物理学家焦耳在这个城市里第一个向全世界证明了热功之间的转换规律，找出了著名的"热功当量"；甚至说，世界上第一台电子计算机也是由曼彻斯特大学的科学家们创立的（虽然世界公认的第一台电子计算机是1946年在美国宾夕法尼亚大学研制成功的）。

曼彻斯特以世界纺织业中心著称于世，堪称"衣被天下"。著名的欧门—恩格斯纺织厂就建立在这里。革命导师恩格斯在这里写下了名著《英国工人阶级状况》。

空想社会主义者欧文就是在曼彻斯特新拉纳克纱厂当经理，进行实验，取得成功而扬名欧洲的。

曼彻斯特更有名垂千古的道尔顿。原子论在这里孕育、成熟、发展起来。曼城的水土滋养了道尔顿，恩泽了全世界。伟大的城市形成于伟大的文化，伟大的文化启蒙了伟大的人物，伟大的人物使城市更加伟大，这是一个良性的循环。循环的结果便是人类文明的进步。

← 18世纪的曼彻斯特

原子理论之父　道尔顿

那是1844年7月27日。

道尔顿像往常一样起床很早，这是他几十年养成的习惯。他到他小巧的气象观测站去观测天气，记录温度、湿度、风力、云的状况以及其他气象信息。

当道尔顿拿起气象日志时，觉得它特别沉重。是啊，它怎能不沉重呢？它记录50多年来曼彻斯特及英国的气象状况，是道尔顿20多万次气象观测的实录。它更是道尔顿热爱气象学的写照。

气象日志重得有些过分了，它从道尔顿手中滑掉，道尔顿这才发现自己的手在颤抖，他竭尽全力控制自己记下了最后几条信息。写完最后一个字时，他的手已经握不住了鹅毛笔了，一阵眩晕过后，道尔顿就什么都不知道了……

道尔顿已经77岁了，再过几个月就快过生日了。曼彻斯特文学哲学会的晚辈们早就张罗给他祝寿。死亡，没有什么可怕的，可是，许多事还没有完成，实在是遗憾。原子论、原子量、修改标准、戴维、曼彻斯特，工作，黑暗，一点点亮光……道尔顿头脑胡乱地思考着。道尔顿进入弥留之际后，有人去喊牧师，想给他进行一次祷告仪式。待到牧师急匆匆地赶来时，道尔顿已经毫无痛苦、像婴儿入睡一样静静地长眠了。

道尔顿的逝世，给曼彻斯特市民带来了极大悲痛。

科学家卷　111

←道尔顿像

他逝世的当天晚上，曼彻斯特市市政委员会立即作出决议，对这位一生作为普通市民的大科学家授予公葬市民的荣誉。同时决定将道尔顿的遗体安放在市政厅，以便市民瞻仰吊唁。

7月30日至8月10日，整整10天，四万多名来自各个阶层的市民（当时曼彻斯特市有四十万人口）络绎不绝地前往致哀凭吊。

8月12日，举行公葬，有100多辆马车随行送葬，哀乐悲天动地，行人驻足行注目礼。从市政厅到阿尔德维克墓地的路上，成百上千的人徒步跟随，沿途商店都自动停止营业，以示悼念。

原子理论之父 **道尔顿**

没有参加葬礼的市民,每逢节假日都跑到市政厅主楼左侧道尔顿等身白色大理石雕像前献花致意。

人们为了永远怀念道尔顿,将市政厅前阿尔巴特广场一侧最繁华的商业街命名为道尔顿街。在道尔顿逝世后不久,曼彻斯特市又在市中心建立了道尔顿铜像。

1962年,曼彻斯特市教育部门通过了一项决议,将市立大学工学院命名为道尔顿工学院,作为纪念道尔顿诞辰200周年的礼物。一位富豪慈善家捐款建筑了道尔顿工学院现代化的主楼,并将原来在市中心有100多年历史的道尔顿铜像迁移到道尔顿工学院主楼前。

10层高乳白色玻璃墙幕的现代化教学楼矗立着,楼前绿草如茵,鲜花盛开,环绕着道尔顿铜像的一泓清澈透明的池水,辉映着天空中的白云。道尔顿深邃的慧眼平静地凝视着前方,像是展望着科学发展的美好未来,也仿佛是欣慰地看着科学后人的茁壮成长。

反思伟人的一生,道尔顿之所以能够创立科学原子论,对化学和整个自然科学做出重大贡献,与曼彻斯特的培育是分不开的。这里的市民眼光开阔,崇尚科技发明和创造,爱戴人的才华甚过爱好钱财,强大的社会氛围造成一股推动科学迅猛发展的社会力量,这种社会效应使曼彻斯特长期在科教文方面领先于世界各个名城。

←曼彻斯特市政厅内的道尔顿塑像

原子理论之父 道尔顿

道尔顿是曼彻斯特的骄傲和光荣！

当然，取得科学成就，是跟道尔顿在科学思想和研究方法上的特点密切相关的。

首先，道尔顿在科学研究方法上重视观察实验，擅长理论思维，具有把观察与思考、实验的积累和丰富的想象、新颖的理论构思相结合的特点。著名英国物理学家丁铎尔这样评价道尔顿说："有了准确的实验和观察作为依据，想象就成为自然科学理论的缔造者。……从化学的事实出发，道尔顿建设性的想象形成了原子学说。"

纵观道尔顿劳作的一生，我们不得不说，道尔顿的实验技术并不是一流的，他制作的化学仪器也比较粗糙，所得实验数据并不很精确，但他善于辅之以深厚的独立思考的理论思维能力，这使他获得了异乎寻常的洞察力，使得道尔顿有可能从存在缺陷的数据中作出巧妙的理论构思，使他从实验中抓住一点点线索或苗头，运用科学思维去把握原子的存在与运动，从而建立科学的原子论理论体系。

科学界对此极表赞赏，认为道尔顿"似乎是用他的手开始做实验，然而却是用他的头脑来结束实验的"。

道尔顿不仅具有这些可贵的科学素质，而且还具有相当深厚的哲学修养。他在运用方法上具有独到的哲理性。值得指出的是，道尔顿是作为一个具有哲学头脑的化学家去阐发物质的化学运动。

道尔顿的下述论断是值得学习化学的人永远铭记的：

化学分解和化学结合，只不过是把这些终极质点或原子彼此分开，又把它们联合在一起而已。在化学作用范围内，物质既不能创造也不能消灭。要创造一个氢原子或消灭一个氢原子，犹如向太阳系引进一颗新的或消灭一颗原有的行星一样的不可能。我们所能进行的一切变化无非把处于凝聚或结合状态的原子分开和把分开相当距离的原子联合起来。

这是化学的主旋律，时至今日一切化学变化的乐章还是围绕着这个主旋律而展开的。

道尔顿像一个伟大的作曲家，他在随意地涂涂抹抹中，谱写了一曲让后代人传承的原子理论之乐。